Jürgen Grothe

Weißt du noch?

Nyltesthemden, Kofferradios,
Petticoats und Rock 'n' Roll

Geschichten
aus dem Spandau der 50er Jahre

HERKULES VERLAG

Dieses Buch widme ich meiner Mutter Gerda Grothe
und allen Trümmerfrauen,
die maßgeblich am Wiederaufbau Berlins beteiligt waren.

Jürgen Grothe

2. Auflage 2006

Druck: Schreckhase Werbedruck GmbH, Spangenberg
Buchbinderische Verarbeitung:
fachbuch mediasale, Gladenbach

34128 Kassel, Richard-Strauß-Straße 33
Telefon (0561) 9 37 17 38
ISBN 3-937924-30-2
www.herkules-verlag.de

Inhalt

„Wie Frühlingstage“

Die 50er Jahre waren still und laut zugleich. Sie beinhalteten Trauer und Neubeginn. In der Erinnerung verklären sie sich. Nach dem tiefen Sinken, ja Versinken der 40er Jahre setzte sich allmählich das Gefühl von Freiheit, das Gefühl eines neuen Lebens durch. Langsam, ganz langsam, begann das Vergessen, das Verarbeiten des Erlebten, des Kellerlebens wie das Erleben der Kriegsereignisse schlechthin. Denn die Rauchschwaden des Krieges saßen in den Seelen fest. Sie verschwanden nicht automatisch mit dem Ende des Krieges. Die Geschehnisse der 30er und 40er Jahre hatten eine gebrochene, mit sich selbst entzweite Generation hinterlassen. Die 50er Jahre waren wie Frühlingstage, wie eine Befreiung aus der langen Winterstarre der schmerzensreichen Nazizeit. Das einstige Leben, die einstigen originalen Schauplätze des Lebens, existierten in der bekannten Struktur nicht mehr, oder nur bruchstückhaft. Authentisch waren die Ruinen oder die leer geräumten Grundstücke, auf denen die Wohnhäuser, später die ruinösen Mauern noch vor kurzem standen. Die nicht mehr existierenden Häuser des Lebens waren schweigsam und klagten durch die Leerstätten an. Ein Wegsehen war nicht möglich. Die Ermordeten und die unter den Trümmern erschlagenen Menschen waren zerbrechlich. Diese Ruhe mitten in der Stadt regte an, Fragen nach dem „Warum“ zustellen. Und immer wieder kehrten in traumatischen Rekapitulationen die gerade vergangenen Ereignisse zurück.

Jürgen Grothe

Vom Boogie zum Rock 'n' Roll

Spandauer, wie Berliner, versuchten die Schäden und die Not der Kriegszeit zu vergessen. Es wurde aufgebaut und die Menschen kleideten sich zusehends nach amerikanischen Vorbildern. Zu den Filmfestspielen in Berlin flogen die Stars aus Hollywood ein. Die Musikboxen eroberten die Kneipen. Pfeife rauchende junge Leute lauschten der neuen Musik, die durch den Boogie-Woogie und den Rock 'n' Roll bestimmt wurde. Neue Tanzstile entwickelten sich. Die meist schwarzen Hosen mussten ganz eng geschnitten sein. Die Malerei reagierte mit der Informel-Malerei auf das Grauen des Krieges.

„Der Takt des Krieges war vorbei"

Die Spandauer Altstadt ist geografisch wie historisch das Herz des Bezirks. Hier trifft die real existierende Welt auf die Verklärung der Historie. Die 50er Jahre zeigten, wie hart das Leben nach dem Ende des Krieges war. Die Uhren gingen wieder anders, gingen aber noch nicht ganz normal, aber der Takt des Krieges war vorbei. Die ewige Musik des Lebens begann wieder zu spielen.

Markt 3–5 mit den provisorischen Verkaufsbuden und der „Präpelstube", als Vorläufer von „Picknick-Schulz" an der Breiten Straße/Ecke Charlottenstraße.
Aufnahme: Mai 1954, Sammlung Jürgen Grothe

Verkaufsbude am Markt mit der Plakataufschrift: „Berliner Textilwaren. Wer Berliner Textilien kauft schafft Arbeit für Berlin“. Aufnahme: Mai 1954, Sammlung Jürgen Grothe.

Die Spandauer fuhren zum Einkaufen, zum Bummeln in die Altstadt. Das Wort Shopping war noch nicht in Mode. Mit seinen Geschäften, zum Teil in provisorischen Bauten, ausgebauten Ruinen oder einfach nur Ständen, entstand so ein Vorläufer des heutigen perfekten Einkaufserlebnisses. Das Einkaufen, das Bummeln ohne Hektik, ohne Stress, begann allmählich wieder Spaß zu machen. Die Menschen wurden wieder trunken auf Leben. Die Last des Krieges verschwand langsam, ganz langsam, im Keller der Erinnerungen. In Spandau wurde der Markt wieder, wie vorher, der zentrale Ort des Treffens.

Wechselstuben für Ost- und Westmark

Zu der gewünschten ruhigen politischen Entwicklung nach dem Ende des Zweiten Weltkrieges kam es aber nicht. Berlin und damit Spandau geriet in das Spannungsfeld zwischen den östlichen und westlichen Regierungssystemen. Es kam das Krisenjahr 1948, an dessen 20. März die Sowjets den

Wechselstube in Berlin
Aufnahme: 1952, Sammlung Jürgen Grothe

Alliierten Kontrollrat und am 1. Juli die Alliierte Kommandantur verließen. Auf die Währungsreform vom 20.6.1948, die Berlin in Ost- und Westmarkbezirke teilte, antwortete die sowjetische Militärverwaltung am 24.6.1948 mit der Sperrung der Zufahrtswege nach West-Berlin. Seit dem 25.6. gab es in den westlichen Sektoren Berlins eine Doppelwährung. Die Westmark, Geldscheine der Bank deutscher Länder, mit einem „B" versehen, war zwar gesetzliches Zahlungsmittel, aber die Ostmark behielt zusätzlich ihre Gültigkeit. Im sowjetischen Sektor und in der sowjetischen Besatzungszone war der Besitz von Westmark verboten.

Um dem Geldhandel auf dem „Schwarzen Markt" entgegenzuwirken, gestatteten die westlichen Stadtkommandanten die Eröffnung privater Wechselstuben. Die erste Wechselstube im britischen Sektor, zu dem der Bezirk Spandau gehörte, eröffnete am 2.8.1948 den Handel, indem sie eine Westmark für 2,20 Ostmark verkaufte. Der Kurs schwankte, am 9.1.1950 meldete das Spandauer Volksblatt einen „Wechselkurs" von 6,50 bis 7,50 Ostmark für eine Westmark. Er lag aber zum größten Teil bei 1:4. Eine dieser Wechselstuben wurde 1950 auf dem Grundstück Carl-Schurz-Str. 32 erbaut. Durch das Gesetz vom 26.7.1957 trat an die Stelle der BdL die Deutsche Bundesbank.

Während der Blockade landeten britische Sunderland-Flugboote mit Versorgungsgütern auf der Havel. An der Imchenallee in Kladow wurde extra eine Entladungsrampe angelegt. Foto: August 1948, Landesarchiv Berlin

West-Berlin, Land und Stadt zugleich

Während der Blockade, die bis zum 12. Mai 1949 dauerte, wurde West-Berlin mit lebensnotwendigen Gütern über die Luftbrücke versorgt. Auf dem Flugplatz Gatow landete am 2. Juli 1948 die erste britische Transportmaschine, und am 6. Juli wasserte das erste britische Sunderland-Flugboot auf der Havel in Kladow. Zum Bau einer zweiten Start- und Landebahn in Gatow waren aus dem Spandauer Bezirksgebiet 80 000 Kubikmeter Ziegelschutt verwandt worden.

Am 7. Oktober 1949 erklärte die SED den sowjetischen Sektor zur Hauptstadt der Deutschen Demokratischen Republik, kurz DDR. Fast ein Jahr später, am 1. Oktober 1950, trat für West-Berlin eine neue Verfassung in Kraft, die besagt, dass Berlin gleichzeitig Stadt und Land sei; die Eingliederung in die Bundesrepublik verhinderte der Viermächtestatus.

„Westberliner, kauft in der HO!“

In dieser Zeit lief die politische Propaganda auf Hochtouren. Der Ost-Berliner Magistrat warb mit dem Slogan „Westberliner, kauft in der HO!“ (HO = Handelsorganisation). Der

West-Berliner Senat sprach für diesen Kauf Verbote aus, und die Käufer in den HO-Läden wurden als „Schimpf und Schande“ bezeichnet. Doch das interessierte nur wenige. Auch Zollkontrollen, zum Beispiel in der U-Bahn auf der Linie A Pankow–Krumme Lanke, änderten nichts daran: Auf dem Bahnhof Potsdamer Platz stand der Ostberliner Zoll, auf dem Bahnhof Gleisdreieck der Westberliner. Die Zollbeamten gingen durch die Waggons, die gekauften Kartoffeln und andere Lebensmittel oder Bekleidungsartikel standen in Taschen oder Rucksäcken unter den Bänken. Unklar war stets, ob die Zollbeamten bewusst wegsahen und die gefüllten Taschen nicht bemerken wollten. Kaum jemand achtete darauf, als „Schimpf und Schande“ bezeichnet zu werden. Den Käufern war es egal. Anders sah es mit dem Kauf von Fahrrädern aus. Die wurden am Potsdamer Platz gekauft. Langsam fuhr der Spandauer dann auf das Brandenburger Tor zu, kurz vor dem Tor gab er Gas und raste mit großer Geschwindigkeit auch gleich an der westlichen Zollkontrolle vorbei.

Einkauf im Osten unter Strafe

Am 19. Januar 1952 veröffentlichte das Spandauer Volksblatt folgende Mitteilung: „Das Presseamt des Senats weist am Mittwoch erneut daraufhin, daß nach den einschlägigen Bestimmungen jede Art von Einkauf, auch in kleinsten Mengen, im Währungsgebiet der Ostmark durch Einwohner Westberlins nicht statthaft und unter Strafe gestellt ist. In der Öffentlichkeit besteht offenbar immer noch Unklarheit darüber, ob diese Osteinkäufe erlaubt sind oder nicht.“ In den Schaufenstern der Geschäfte hingen Plakate: **„Kauft nicht im Osten“.**

Ausgabe von Lebensmittelkarten wird eingestellt

Nach der Aufhebung der Blockade war der Weg für eine bessere Versorgung der Westsektoren mit Nahrungsmitteln und anderen Gebrauchsgütern aus Westdeutschland frei. Bereits am 18.5.1949 wurde die Bewirtschaftung von Fischwaren und Backartikeln aufgehoben. Am 1.7.1949 folgte die

Ladenzeile in der Seegefelder Str. 1–11, erbaut: 1951
Foto: März 1961, Jürgen Grothe

Aufhebung der Rationierung von Textilien und Schuhen, und am 1.9.1950 wurde die Ausgabe von Lebensmittelkarten eingestellt.

Nachdem das Warenangebot in den Westsektoren Berlins immer umfangreicher und qualitativ besser wurde, kehrte sich die Karte um. West-Berlin wurde Anziehungspunkt für Käufer aus Ostberlin und der DDR. Man reiste mit der S-Bahn an. Aus diesem Grund entstand 1950 bis 1951 eine Ladenzeile an der Seegefelder Str. 1–11, in unmittelbarer Nähe des S-Bahnhofes Spandau-West.

Currywurst – „Picknick Schulz“ wird zur Legende

Die 50er Jahre brachten aber auch zwei wesentliche kulinarische Neuerungen. Neben der Bockwurst gab es fortan Schaschlik und Currywurst. Zur Legende sollte in Spandau **„Picknick Schulz“** werden. Erst am Markt, dann an der Breiten Straße/Ecke Charlottenstraße wurden die schmackhaften Kleinigkeiten verkauft. Aus ganz Berlin kamen die Liebhaber dieser Spezialitäten nach Spandau.

Das Foto steht für die frühen 50er Jahre in der Spandauer Altstadt, vor dem Wiederaufbau. Schulz, ursprünglich mit seiner „Präpelstube“ am Markt, zog nun an die Ecke Breite Straße (links) und Charlottenstraße. Hier nannte er sich erst „Schulz's Picknickhalle“. Aus ganz Berlin kamen die Liebhaber der Bock- oder Currywurst hierher.
Foto: Anfang der 50er Jahre, Sammlung Jürgen Grothe

Staaken kommt unter die Verwaltung der DDR

Der Kontrollratsbeschluss vom 30.8.1945 brachte die eigenartige Rechtskonstruktion des so genannten Seeburger Zipfels, der zur Gemarkung Seeburg gehörte und 1920 nicht in das Stadtgebiet Berlins eingemeindet worden war. Als 1945 der Flugplatz Gatow ausgebaut werden sollte, kam eine 172 ha große Fläche im Austausch gegen West-Staaken an den britischen Sektor. Obwohl West-Staaken mit dem Dorf und Albrechtshof jetzt unter sowjetischer Befehlsgewalt stand, wurde es weiterhin vom Bezirksamt Spandau verwaltet, bis in der Nacht vom 1. zum 2. Februar 1951 West-Staaken von der Volkspolizei besetzt wurde. Am 2. Februar verkündete der Ostberliner Stadtsowjet die Übernahme. Die Bevölkerung musste sich zur Registrierung melden, und die Ostmark wurde alleingültiges Zahlungsmittel. Die Bevölkerung protestierte, 93 Prozent der West-Staakener erklärten sich gegen die Abtrennung ihres Ortsteiles von Spandau. Alle Verhandlungen waren vergebens. 380 Familien zogen nur mit dem nötigsten Gepäck in Notquartiere in Spandau. Seit dem 1. Juni 1952 gehörte der Westteil Staakens zum Kreis Nauen der DDR.

O-Bus vom Straßenbahnbahnhof nach Staaken

Erinnert werden soll in diesem Zusammenhang an die einzige Spandauer O-Bus-Linie. Es war die Linie „31“, die zwischen dem Straßenbahnbahnhof in der Pichelsdorfer Straße und der Gartenstadt Staaken verkehrte. Die Linie war am 24.12.1933 von der BVG in Betrieb genommen worden. Infolge des Zweiten Weltkrieges wurde sie eingestellt, aber im Dezember 1949 wieder in Betrieb genommen.

Nennhauser Damm mit der Grenzziehung mitten auf der Straße. Die Leitungen des O-Busses existieren noch. Schützenpanzer der DDR-Grenztruppen und der britischen Schutzmacht stehen sich gegenüber. Foto: 15.2.1965, Landesarchiv Berlin

Da die Grenzlinie zwischen dem Westteil Staakens und dem Ostteil in der Mitte des Nennhauser Dammes/Finkenkruger Weges verlief und die DDR in der Mitte der Straße dementsprechend ihre Grenzpfähle setzte, konnte der O-Bus nicht mehr verkehren. Die Linie musste, bedingt durch die politischen Ereignisse, am 15.12.1952 eingestellt werden. Der Oberleitungsomnibus war ein beliebtes Verkehrsmittel. An zwei Oberleitungen fahrend war er auf der Straße beweglicher als z.B. die Straßenbahn. Außerdem waren die O-Busse abgasfrei und verursachten keine Geräusche.

West-Berliner als Insulaner

Aber, es sollte für die West-Berliner noch schlimmer kommen. Im gleichen Jahr erfolgte der Erlass der DDR, dass West-Berliner nicht mehr in das Umland fahren durften. Nur innerhalb Berlins gab es noch keine Beschränkungen. Jetzt waren die West-Berliner Insulaner und das politische Kabarett um Günter Neumann schärfte in seiner satirischen Sendereihe beim RIAS, „Günter Neumann und seine Insulaner“ das Bewusstsein für die besondere Lage Berlins.

Am 16.12.1955 meldete das Spandauer Volksblatt: „Großrazzien in Staaken“. „Auf dem Grenzkontrollbahnhof in Staaken werden alle Reisenden seit 3 Tagen einer scharfen Gepäck- und Kofferkontrolle durch die Vopos (Volkspolizei) unterzogen. Sowohl die aus Berlin eintreffenden wie die nach der Ostzone fahrenden Personen müssen diese Schnüffeleien über sich ergehen lassen, wobei auch keine Rücksicht auf bald fahrende Anschlusszüge genommen wird. Reisende müssen dabei in der ungeheizten und überfüllten Baracke des Bahnhofes mehrere Stunden unfreiwilliger Wartezeit mit in Kauf nehmen“.

Nur einige Tage später beschrieb das Spandauer Volksblatt die Situation am Bahnhof Staaken: „Wenn man auf dem Bahnhof Staaken aussteigt, kommt man über einen hohen Treppenaufgang zum Nennhauser Damm, der den „Eisernen Vorhang“ zwischen West-Berlin und dem Zonenteil Staakens bildet. Etwa 700 Meter in südlicher Richtung auf sowjetzonalem Gebiet, steht noch die große Schule mit der Turnhal-

Seit 1952 durften West-Berliner nicht mehr in die Umgebung Berlins, sprich DDR, fahren. Das Foto verdeutlicht die Situation an der Wilhelmstraße. Der Weg führte nach Seeburg. Die Aufschrift des Schildes besagt: „Warnung, hier beginnt die russische Zone“. Foto: 25.4.1959, Landesarchiv Berlin

le und dem Postamt, wo aber vom früheren regen Verkehr nichts mehr zu merken ist. Die drei anschließenden großen Wohnhäuser machen einen verwahrlosten Eindruck. Die Lebensmittel- und Backwarengeschäfte sind geschlossen und haben alle Rolläden heruntergelassen. Auf den beiden Seiten des Nennhauser Dammes zeigt sich deutlich der krasse Unterschied zwischen Ost und West ...“

Kriegsverbrechergefängnis in der Wilhelmstraße

In den 50er Jahren besaß Spandau einen Bekanntheitsgrad, der weit über die Grenzen der Bundesrepublik hinausging. Am 15. Oktober 1946 einigten sich die vier Mitglieder der Alliierten Kommandantur darauf, dass die sieben in Nürnberg verurteilten Kriegsverbrecher ihre Haft in Spandau absitzen sollten. Wegen des Viermächtestatus‘ der Stadt war es ohne Schwierigkeiten möglich, dass die von den vier Siegermächten gestellten Wachtruppen die Sektorengrenzen passieren konn-

So genanntes Kriegsverbrechergefängnis in der Wilhelmstraße. Einmarsch des sowjetischen Wachpersonals
Foto: 1.7.1956, Sammlung Jürgen Grothe

ten. Nach dem Urteil des internationalen Militärgerichts in Nürnberg kamen sieben als „Hauptkriegsverbrecher" eingestufte Männer, die maßgeblich die Politik der Nationalsozialisten mitbestimmt hatten und wegen Verbrechen gegen die Menschheit angeklagt waren, in das ehemalige, 1878–1879 erbaute Festungsgefängnis in der Wilhelmstr. 21–24. Dieser gewaltige rote Backsteinbau im Stil wilhelminischer Neo-Renaissance war, wie in Preußen üblich, solide gebaut. Er war eine Mischung aus zinnenbewehrter Burg und Palazzo, Kaserne und Basilika zugleich.

Am 18. Juli 1947 war es dann so weit. Die sieben Verurteilten landeten mit einem Sonderflugzeug auf dem Flugplatz Gatow. In Panzerfahrzeugen wurden sie anschließend in das Gefängnis gebracht.

Nur im Spandauer Wachbetrieb und in der Überwachung des Luftraumes funktionierte noch das Vier-Mächte-Abkommen. Die drei westlichen Schutzmächte Amerika, Großbritannien und Frankreich wechselten sich mit der Sowjetunion in der monatlichen Bewachung des Gefängnisses ab. So wurden z.B. 38 Rotarmisten durch 38 GI's abgelöst. Die Wachablösungen waren stets ein sehenswertes Ereignis. Zuschauer erschienen und die Presse. Fotografieren war streng verboten, nur Pressevertreter erhielten Ausnahmegenehmigungen.

In das Kriegsverbrechergefängnis kamen am 18. Juli 1947 Konstantin von Neurath, Reichsaußenminister, danach Reichsprotektor von Böhmen und Mähren, verurteilt zu 15 Jahren, 1954 vorzeitig entlassen, Erich Raeder, Oberbefehlshaber der Kriegsmarine, 1933–1943, lebenslänglich, 1955 vorzeitig entlassen. Walther Funk, Reichswirtschaftsminister 1937–1945, lebenslänglich, vorzeitig entlassen, er starb 1958. Karl Dönitz, Oberbefehlshaber der U-Boote seit 1936, Oberbefehlshaber der Kriegsmarine ab 1943, 10 Jahre, 1956 vorzeitig entlassen. Albert Speer, Generalbauinspektor für Berlin, Reichminister für Bewaffnung und Munition 1942–1945, 20 Jahre, 1966 entlassen, Baldur von Schirach, Reichsjugendführer, 20 Jahre, 1966 entlassen, Rudolf Hess, Stellvertreter des Führers, lebenslänglich. Hess war im Mai 1941 nach Schottland geflogen, um die Engländer zum gemeinsamen Kampf gegen die Sowjetunion zu bewegen. Er war der letzte Gefangene und nahm sich am 17.8.1987, mit 93 Jahren, das Leben.

Nyltesthemden, Petticoats und die ersten Nylonstrümpfe

In den 50er Jahren begann die kulturelle Neuorientierung. Die Wohnungseinrichtungsgegenstände der Kriegs- oder Vorkriegszeit waren nicht mehr gefragt. Neue Formen sollten die bildende Kunst, die Architektur und das Kunsthandwerk bestimmen. Die Neubauten, Häuser auf Ruinenflächen, bezogen ihre architektonischen Formen in den meisten Fällen aus dem Bauhaus. In den Inneneinrichtungen wurde dem klaren Stil der Einbauschränke der Nierentisch oder der Tisch im Baukastenprinzip gegenübergestellt. Wie der teilweise bepflanzte Raumteiler sollte der Nierentisch eine neue, moderne Wohnatmosphäre vermitteln. Zunehmend wurden die gemusterten Tapeten durch Rauhfasertapeten ersetzt. Junge Leute bevorzugten weiße Räume mit schwarzen Sitzmöbeln. Bücherwände sollten die strenge Raumwirkung auflockern. Bei manchen stand sogar schon das Meditieren und die Suche nach

Konzentration im Vordergrund der Zimmergestaltung. In dieses Bild passte das weiße Geschirr mit dem Goldrand nicht mehr. Es wurde durch farbig bemaltes Geschirr ersetzt. Blumen standen jetzt auf einer Etagere aus Resopal, und Decken- und Stehlampen hatten Tütenschirme. Die Herren trugen Nyltesthemden und die jungen Frauen Petticoats. Es war das Zeitalter der neuen Kunststoffe wie Perlon, Dralon und der Nylonstrümpfe.

Doch darf eines nicht vergessen werden, die Wohnungsnot war groß. Ende Februar 1956 gab es allein im Bezirk Spandau 9890 Wohnungssuchende. Es gab eine so genannte Wohnraumbewirtschaftung, und wer heiratete, hatte noch lange kein Anrecht auf eine Wohnung. Jung verheiratete Paare erhielten Zimmer, möbliert oder leer stehend, zugewiesen.

Zur Spandauer Kunstszene gehörte von 1952–1957 eine „Volkskunstschule", die in der ehemaligen Beseler Kaserne am Hohenzollernring untergebracht war. Der Maler Hans Szym, eigentlich Hans Szymanski, unterrichtete hier in herkömmlicher Malerei.

Jazz und Rock 'n' Roll ersetzen den Schlager

Als ein Bereich des allgemeinen kulturellen Umbruchs veränderte sich auch die Musik. Der Jazz aus Amerika ersetzte den Schlager. Wer aus der Schule nach Hause kam, drückte zuerst auf die Radiotaste des AFN (American Forces Network) oder stellte den Sender auf der Skala ein. Der bei jungen Menschen sehr beliebte Sender strahlte seine Programme seit dem 4.8.1945 aus. In den Familien kam es mitunter zu heftigen Auseinandersetzungen über die oft sehr laut eingestellte Musik. Zum Liebling des Jazz' avancierte sehr schnell Louis Armstrong, der seinen Berliner Fans seine Musik in mehreren Konzerten im legendären Berliner Sportpalast zu Gehör brachte. Auch die Jazzfans aus den östlichen Berliner Bezirken strömten dann in die Potsdamer Straße. Der Jazz mit seinen Improvisationen galt als Inbegriff der Toleranz und der Freiheit des Individuums, aus der sich auch die politische Freiheit entwickeln sollte. Parallel liefen aber auch die Rock 'n'

Roll-Rhythmen eines Elvis Presleys, der Boogie-Woogie, der Jitterbug und der deutsche „Schnulzen-Schlager“. Hier warteten die Berliner jeden Montag auf die Sendung **„Schlager der Woche“** im RIAS-Berlin (Rundfunk im amerikanischen Sektor). Eine Sendung, die auch jenseits der West-Berliner Grenzen gern gehört wurde. Die Kinder hingegen hörten sonntags ihren **Onkel Tobias** vom Rias mit seinen Kindersendungen, und die Erwachsenen die **„Stimme der Kritik“** von Friedrich Luft, der die neuesten Theateraufführungen kritisch unter die Lupe nahm. Der Sender hatte einen besonderen Erkennungswert. Er meldete sich: **„Hier ist RIAS-Berlin – eine freie Stimme der freien Welt!“**

In der gleichen Zeit, in der Zeit des „Kalten Krieges“, sang Marlene Dietrich voll Wehmut und Elegie: „Ich hab’ noch einen Koffer in Berlin“, die „Drei Travellers“: „Ich hab’ so Heimweh nach dem Kurfürstendamm“ und „Eine Tüte Luft aus Berlin“ und Bully Buhlan sang 1951: „Lieber Leierkastenmann“, oder 1952 mit Rita Paul den „Mackie Boogie“ und 1951 ebenfalls, „Ich hab’ noch einen Koffer in Berlin“.

Studentenkeller „Eierschale“ am Breitenbachplatz 8
Foto: 1958, Sammlung Jürgen Grothe

Johannes Rediske-Quintett, von links: Lothar Noack, Manfred Behrendt, Johannes Rediske, Heinz Niemeyer und Alex Spychalski. Das Rediske-Quintett spielte in dem Künstlerkeller „Badewanne" in der Nürnberger Straße. Foto: 4.1.1958, Landesarchiv Berlin

Während die einen in den Studenten-Jazzkeller **„Eierschale"** am Breitenbachplatz"– hier wurde der so genannte **„Rührstil"** des Tanzens entwickelt, oder den Künstlertreffpunkt **„Badewanne"** in der Nürnberger Straße gingen"– hier klang der Jazz, gespielt von den „Spree City Stompers" und in der Nürnberger Straße vom Johannes Rediske Quintett, aus der Tiefe des Kellers bis auf die Straße – fuhren die anderen nach Steglitz in den **Titania Palast**. Hier war gerade ein neuer Stern am Sängerhimmel aufgegangen, Dietrich Fischer-Dieskau. Erinnert sei an sein legendäres Konzert im Juli 1949, mit Hertha Klust als Begleiterin. Fischer-Diskau sollte das deutsche Lied über Generationen prägen.

Ein lässiges Lebensgefühl entsteht

Es entstand aber auch ein neues Lebensgefühl von amerikanischer Lässigkeit. Die Beine wurden dazu auf den Tisch gelegt, mit Kaugummi im Mund gesprochen und die Jeanshose (damals zunächst noch als Nietenhosen bekannt) – sie musste selbstverständlich mehrmals hochgekrempelt sein – wurde die Alternative zur Hose mit Bügelfalten. Ein neues Getränk aus Amerika eroberte in den 50er Jahren die Herzen der jungen Leute: Coca Cola. Unbewusst war das Getränk mit der neuen Geschmacksrichtung ein Protest der Jugend gegen das Überkommene. Einen ganzen Abend mit einem Strohhalm „Cola“ aus einer besonders gestalteten Flasche zu trinken, ob im Jazzkeller oder Lokal, war etwas bis dahin nicht Gekanntes. Es war ein Aufbruch zu einer neuen Trinkkultur.

Freitags war Waschtag

Doch vergessen wir die Hausfrauen nicht. Erinnern wir uns an ihre schwierige Arbeit. Freitags ging es in die Waschküche, die sich entweder im Keller oder auf dem Boden des Hauses befand. Das Wasser im Kessel musste erhitzt und Holz und Kohlen in die Waschküche geschleppt werden.

Die Wäsche kam in den großen Bottich und mit einem großen Holzlöffel wurde sie gerührt. Nun kam die schwierigste Arbeit, das Waschen auf dem Waschbrett. Dem Waschen folgte das Spülen und zum Trocknen wurde die Wäsche dann auf dem Hof oder dem Hausboden aufgehängt. Günstigenfalls sogar in der Sonne. Doch so einfach war es nun auch wieder nicht. Es gab auch Wäschestücke, die mit **„Hoffmanns Wäschestärke“** gestärkt werden mussten. Diese gab man in einen besonderen Eimer, in dem sie liegen mussten, damit die Stärke einziehen konnte. Nun war die Wäsche aber noch nicht gebügelt. Die Frauen schleppten riesige Körbe durch die Straßen zum nächsten Seifengeschäft, das eine Wäscherolle hatte. Wäscherollen war für Kinder am Beginn interessant, wurde mit der Zeit aber langweilig. Sie begannen zu maulen, während die Mutter oder Großmutter das riesige Rad bewegte, das die schweren

Wäschekessel in der Waschküche

Holzrollen, beschwert durch Holzkästen mit so genannten Wackersteinen, über die Wäsche rollen ließ.

Nur in der Krowelstraße war es etwas anders. Hier führte Frau Bartsch ein Kolonialwarengeschäft mit individueller Bedienung. Sie besaß eine Wäscherolle in einer ehemaligen Remise des Hofes. Mit der schrankfertig zusammengelegten Wäsche zog die Hausfrau dann nach Hause. Wer keine Waschküche im Haus hatte, musste die Wäsche auf der Kochmaschine, einem riesigen Küchenherd, in einem großen Topf, es konnte auch der Einmachtopf sein, kochen. Auch hier kam dann das Waschbrett zum Einsatz.

Sonnabends war Putztag

Die Teppiche und Läufer kamen in den Hof auf die Klopfstange. Mit dem Teppichklopfer, der mitunter auch für die Hintern der Kinder zweckentfremdet wurde, musste der Staub aus den Teppichen geklopft werden. Die Zeiten für das Teppichklopfen waren genau vorgegeben. Pech für den Teppichklopfer, wenn die Klopfstange besetzt war. Am Fenster wurde dann darauf gewartet, dass sie frei wurde. Staubsauger besaßen nur wenige und das Klopfen galt als die intensivere Reinigungsmethode. Sonnabends wurden auch die Fenster geputzt und sonntags die weißen Schonbezüge von den Sesseln und der Couch genommen. Zum Kaffeetrinken an Sonn- und Feiertagen durften sie ohne Schonbezüge benutzt werden.

Eisvergnügen der anderen Art

Ein besonderer Tag für die Kinder war der Tag, an dem der Eismann kam. Er brachte kein Speiseeis, sondern Eis für die Eisschränke. Ein Begriff, der teilweise später auch noch für die Kühlschränke benutzt wurde. Kühlschränke gab es in dieser Zeit noch nicht, oder nur wenige. Der Eismann kam mit Pferd und Wagen oder, wenn er ganz modern war, mit dem Auto. Im großen Innenraum, aus dem stets Tauwasser lief, lagerte das industriell hergestellte **Stangeneis.** Mit einem kleinen Pickel hackte der Stangeneisverkäufer die gewünschte Größe von den Eisstangen. Die Gören auf der Straße folgten dem Wagen, denn die kleinen Eisstücke, die als Abfall auf die Straße fielen, waren für die Kinder als Lutscheis ein Genuss, ein wahres Eisvergnügen.

„Mutter, der Mann mit ’m Koks ist da ...“

Da der größte Teil der Wohnungen noch Ofenheizung besaß, waren die Hausfrauen auch für das Heizen der riesigen, meist mit neobarocken Zierelementen versehenen Öfen verantwortlich. Die Öfen stammten zum großen Teil noch aus der Kaiserzeit, und nur in ihrer unmittelbaren Nähe war es dann auch wirklich warm. Im Winter wurden, damit die Öfen die Wärme auch über Nacht halten sollten, die Kohlen in Zeitungspapier gewickelt und so gegen 22 Uhr angelegt. „Mutter, der Mann mit ’m Koks ist da ...“, lautete der Text eines bekannten Berliner Liedes. Der Kohlenhändler mit den Kohlen in der „Hucke“ brachte die Kohlen, gegen Aufschlag, bis in die vierte Etage, in den Keller kostenlos. Im Keller musste stets für Vorrat gesorgt werden.

Bier gab’s lose in die Kanne

Auch die Bierwagen fuhren noch durch die Straßen Spandaus. Sie verkauften Weiß- und Braunbier. Mit Kannen wurde das Bier am Wagen gekauft. Braunbier wurde „Pupe“ genannt, und bekannt war der Spruch, wenn jemand krank aussah, er sehe aus wie „Braunbier mit Spucke“. Braunbier war beliebt zum Kochfisch, es wurde aber auch zur Bratwurst getrunken.

Spandauer Ackerbürger

Durch die Straßen fuhren aber auch die Pferdegespanne, die von ihren Wagen aus Milch verkauften oder Brennholz gegen Kartoffelschalen tauschten, wie z.B. beim Ackerbürger Paul in der Ackerstraße. Spandau war der Bezirk der Ackerbürger. Die Ackerbürger waren Bauern, die ihren Hof in der Stadt, sprich hinter ihrem Wohnhaus hatten. Auf dem Hof lag der Misthaufen, der meist einen weniger angenehmen Duft verströmte. In den Ställen wurden Kühe, Pferde, Schweine, aber auch Schafe und vor allen Dingen Hühner gehalten. Wäh-

Spandauer Ackerbürger mit einer Fuhre Mist in der Ackerstraße. Foto: 25.11.1967, Jürgen Grothe

rend die Bauern auf die Wiese fuhren, um mit der Sense das Gras zu mähen, verkauften die Frauen die Milch, frische Eier, Weißkäse, Kochkäse oder Kartoffeln in einem kleinen Laden oder direkt vom Hof aus.

Milchkanne schleudern – Geschicklichkeitsspiel für die Kinder

Man konnte damals aber auch beim Bauern oder in einem der vielen Milchgeschäfte die Milch aus dem Glas gleich vor Ort trinken. Bei **Feldbinder** in der Adamstraße z.B. kostete ein Glas Milch 5 Pfennig.

Die Milch wurde in Kannen aus den „Melkereien" geholt. Zum Einkauf wurden oft die Kinder geschickt. Zur Mutprobe gehörte es, die Kanne mit gestrecktem Arm wie ein Mühlenrad zu drehen. Es konnte schon passieren, dass die Kanne auf dem Bürgersteig landete, oder die Milch ausschwappte. Das war äußerst unangenehm, da das Geld den Kindern meist abgezählt mitgegeben wurde, man also ohne Milch, dafür aber mit zerbeulter Kanne nach Hause kam.

Es war Brauch ...

Bei einigen Fleischern war es noch üblich, an dem Tag in der Woche, an dem frische Wurst hergestellt wurde, einen **Stuhl mit einer Schürze** darüber vor den Laden zu stellen. Einem derartigen Brauch gingen z.B. **Heseler** in der Weißenburger Straße, **Wahnelt** in der Schönwalder Straße, **Wilimsky** in der Charlottenstraße oder **Koschinsky** am Stresowplatz, nach. **Die Wurstbrühe konnte in Milchkannen abgeholt werden**.

Zu den Osterbräuchen gehörten die **Osterfeuer,** wie z.B. vor der katholischen Elisabethkirche in Hakenfelde. Der Pfarrer zündete das Feuer in der Vertiefung des Fußabtreters an. Es brannte die ganze Nacht und der Pfarrer sprach dazu Gebete. In vielen Familien war es aber auch üblich, die Ostereier oder Geschenke im Grün der Parkanlagen, wie z.B. im Birkenwäldchen, zu verstecken.

Zu **Pfingsten** war es Brauch, **Maigrün** vor die Haus- oder Ladentür zu stellen. Rechts und links der Tür standen dann meistens Birkenzweige in einem Eimer Wasser. Auch vor die Fotos von Familienangehörigen wurde frisches Grün gestellt. Bis 1952 kamen die Bauern aus der Umgebung Spandaus mit ihren Fuhrwerken in die Stadt, um das Maigrün vom Wagen herunter zu verkaufen.

Weihnachten war ein bescheidenes Fest

Die Weihnachtsmärkte der 50er Jahre waren recht bescheiden. Vor dem Rathaus und diesem gegenüber standen Verkaufsstände – noch die mit den einfachen Planen. Weihnachtsmusik erklang und die Straßen waren festlich beleuchtet. Für die Kinder war das Karussell ein unvergessliches Erlebnis. Hier konnten sie im Straßenbahnwagen, im Auto oder auf Pferden sitzen. Besonders abenteuerlich war der Feuerwehrwagen mit seiner langen Leiter und dem Feuerwehrmann auf der Leiterspitze. Kräftig durfte hier die Glocke geläutet werden.

Auf der Seite des **Münsinger Parkes** standen Weihnachtsbäume und der Weihnachtsmann. Die Kinder durften in den Sack greifen und sich ein Geschenk herausnehmen. Dass Mutter oder Vater des Geschenk vorher bezahlt hatten, durften die Kinder natürlich nicht merken. Illusionen wären zerstört

Einkaufsbummel in der Vorweihnachtszeit auf dem Spandauer Markt: Das Fahrrad war ein beliebtes Fortbewegungsmittel. Foto: 1958, Sammlung Jürgen Grothe

worden. Es war allerdings auch die Zeit, in der es den „Kalten Kuß“ gab. **„Der kalte Kuß, ein Hochgenuß, den jeder mal probieren muß“**. Ein Werbeslogan, der durchschlug. Für 10 Pfennig, die viele nicht besaßen, war der „Kalte Kuß“ wirklich ein Genuss, vor allem für Kinder.

Zwischen Weihnachten und Neujahr: Wäsche waschen verboten!

Schwer hatten es vor Weihnachten die Hausfrauen. Nicht nur wegen des Bratens und der Geschenke, nein, dem Volksglauben zufolge durfte keine schmutzige Wäsche liegen bleiben, das hätte Unglück gebracht. Auf der anderen Seite durfte zwischen Weihnachten und Neujahr nicht gewaschen werden, da das als böses Omen gedeutet wurde.

Die Schaufenster der Geschäfte waren recht bescheiden dekoriert. Auch die Geschenke fielen eher bescheiden aus. Weihnachtsbäume gab es auf dem **Güterbahnhof** oder auf dem **Metzerplatz** zu kaufen. Hier konnten die Preise an den letzten Tagen vor Heilig Abend auch noch runtergehandelt werden. Billiger war der Baum für denjenigen, der einfach in den Spandauer Forst ging und sich einen klaute.

Spärliche Weihnachtsdekoration im Schaufenster des Geschäftes von Sport-Lüder in der Carl-Schurz-Str. 27
Foto: 1955, Sammlung Jürgen Grothe

Die legendäre Isetta

Zum frischen Schwung der „Fifties" gehörte die **Isetta**. Nach den Drangsalen des Krieges, in der kargen und entbehrungsreichen Nachkriegszeit sehnten sich die Menschen nach einer gewissen Freiheit und Unabhängigkeit. Das Auto, wie in Amerika weit verbreitet, war der Wunsch vieler, aber es war finanziell unerschwinglich. Doch die Vorbilder, die amerikanischen Soldaten, fuhren mit ihren **„Amischlitten"** durch die Straßen. Nicht nur von Kindern und Jugendlichen bestaunt. Als 1953 der italienische Motorrad- und Kühlschrankhersteller ISO auf dem Turiner Automobilsalon den später „Isetta" genannten Kleinwagen vorstellte, kaufte BMW die Lizenz. BMW ersetzte den

Der Autor mit seiner Isetta vor dem Berliner Rathaus. 5.7.1965, Sammlung Jürgen Grothe

Zweitaktmotor durch einen BMW-Motorrad-Motor von 12 PS. Die 1956 etwas moderner gestaltete Isetta 300 besaß dann bereits 13 PS. Das mit den Schmalspur-Hinterrädern und der nach vorne zu öffnenden Tür versehene Fahrzeug, **„Schlaglochsuchgerät"** oder **„Knutschkugel"** genannt, entwickelte sich zum Symbol für die Wirtschaftswunderzeit. Isetta-Fahrer fühlten sich wie eine große Familie, sie grüßten sich. Ob in Frankreich oder Italien, überall sah man das kleine Fahrzeug nun sich die Berge hinaufquälen oder auf den Straßen der Städte des Südens.

Fernsehen – man traf sich bei Freunden

Ein neues Medium entwickelte sich in den 50er Jahren: das Fernsehen. Selbst als der Sender Freies Berlin, kurz SFB, seit dem 1.6.1954 regelmäßig Programme sendete, war noch längst nicht in jedem Haushalt ein Fernsehgerät vorhanden. Zum Fernsehen traf man sich bei Freunden, Nachbarn oder Verwandten. Es war noch nicht die Zeit, da der Abend dem Fernsehen gehörte. Gesendet wurde werktags ab 16.30 Uhr, samstags ab zwölf Uhr und sonntags ab elf Uhr.

Besitzer von Fernsehgeräten bekamen öfters Besuch von Freunden und Verwandten als andere. Vorlage: Herkules Verlag

Lichtspielhaus „Forum" in der Carl-Schurz-Str. 49, mit dem für die 50er Jahre typischen in die Straße gezogenen Vordach. Foto: 30.4.1967, Jürgen Grothe

Spandau, deine Kinos

Es ist kaum noch vorstellbar, dass Spandau einmal über ungefähr **20 Lichtspielhäuser** verfügte. Sonntagnachmittags waren **Kindervorstellungen** und es gab mitunter drei Abendvorstellungen. Es war für die Spandauer ein besonderes Erlebnis, ins Kino zu gehen, vielleicht noch verliebt zu sein und Händchen zu halten. Erinnert sei auch daran, dass in Spandau viele Filme in den Studios in **Haselhorst** gedreht wurden. Die Altstadt ist oft als Kulisse benutzt worden. Zahlreiche bekannte Schauspieler konnte man beim Altstadtbumml treffen oder beim Rundgang durch die Havelstadt. Die 50er Jahre waren die hohe Zeit der Kinos. Es hat Spandauer und Berliner gegeben, die fast jeden Abend ins Kino gingen und viel Geld für die neuesten Filme ausgaben.

Ein großes Ereignis für Spandau war die Eröffnung von Spandaus modernstem Lichtspielhaus, dem **„Forum"** in der Carl-Schurz-Str. 49. Es war ein Freitag, und mit dem Film „Der erste Frühlingstag" wurde der Neubau seiner Bestimmung übergeben. Das Kino verfügte über eine moderne Architektur zur Straße hin. Der Architekt der Außen- und Innenarchitektur war Pierre de Born. Unter einem, für die 50er Jahre typischen, vorgezogenen Dach konnten die Kinobesucher während der kalten Jahreszeit unter Infrathermbestrahlung nach Karten anstehen oder sich die Reklamen ansehen. Den Zuschauerraum beherrschten sanfte Farben: 810 rote Cordsessel waren in einem Reihenabstand von 95 Zentimetern aufgestellt. Die Wände waren mit grünem, gepolstertem Azella bis zur halben Wandhöhe und darüber mit kupferfarbener Velvet-Kunstseidenbespannung versehen. Die indirekt-diffuse Beleuchtung tauchte den Raum in ein wohltuend entspannendes Licht. Die Klimaanlage wälzte die Luft im Verlaufe einer Stunde fünfmal um. Der Ufa-Handel Berlin sorgte für die technische Einrichtung einschließlich der Cinemascope-Bildwand. Die AEG installierte die komplizierten Anlagen. Bauherr war **Walter Feindt**, dem auch das **„Bio“** am Augusta-Ufer 17–18 (später auch am Altstädter Ring gelegen) gehörte.

Als Eröffnungsprogramm lief der Luise-Ullrich-Film „Der erste Frühlingstag“. Eine Familienchronik voller Humor und Alltäglichkeit. Der Schauspieler Paul Dahlke, Hauptdarsteller des in den **Spandauer Ateliers** gedrehten Films, reiste extra aus München zur Eröffnung des Filmtheaters an. Auf der offenen Bühne stieß er nach launigen und humorvollen Worten mit einem Sektpokal auf die Zukunft des neuen Kinos an. Die Spandauer zollten ihm reichlich Beifall. Das Kino avancierte schnell zu einem der beliebtesten und viel besuchtesten Filmtheater in Spandau.

Das „Bio“

Bleiben wir gleich bei den **„Bio-Lichtspielen“**. Entstanden war der Bau 1892–1895 als Reithalle für die Spandauer Garnison, für das Regiment der sog. „Elisabether“. Nach einem Umbau wurde am 1.6.1951 das „Bio“ eröffnet. Auffallend am Außenbau war das ausgefallene Signet über der Eingangshalle. Ein zur Sonnenscheibe umgewandelter I-Punkt durchdrang mit seinen Strahlen die Buchstaben B und O. Das Kino besaß 418 Plätze mit einer „neuzeitlichen“ Bestuhlung, bei der jeder Sitz separat federnd aufgehängt war. Die akustische Wirkung der modernen Tonapparatur wurde durch die mit Neusamt bespannten Wände erhöht. Die Abschrägung des Raumes zur Bühne hin bot allen Zuschauern Plätze mit guten Sichtmöglichkeiten. Das Foyer war etwas kitschig mit gemusterten Teppichen ausgelegt, sodass eine Wohnzimmeratmosphäre entstand.

Mit Decken zum Wärmen ins „Odeum"

In der Altstadt war eines der ältesten Lichtspielhäuser das **„Odeum"** in der Carl-Schurz-Str. 24, ursprünglich Potsdamer Str. 6.

Nach dem Verzeichnis der Lichtspieltheater in Berlin aus dem Jahr 1925 hieß das Filmtheater „Ufa-Lichtspiele", später „Odeum". Bei dem Luftangriff auf die Altstadt am 28.3.1945 war die Zerstörung der Häuser in der Carl-Schurz-Straße durch Spreng- und Stabbrandbomben besonders stark. Auch das Vorderhaus des „Odeums" wurde zerstört, der Saalbau blieb erhalten. Bereits 1936 hatte das Kino der **Filmtheater-**

Lichtspielhaus „Odeum" in der Carl-Schurz-Str. 24. Das Schild rechts trägt folgende Aufschrift: „Für die deutsche Bevölkerung finden in diesem Filmtheater Vorstellungen tägl. mit folgenden Anfangszeiten statt". Darunter steht: Eingang Charlottenstraße.
Foto: um 1946, Sammlung Jürgen Grothe

betrieb Walter Cartun übernommen, der den Saal in der Nachkriegszeit mehrmals umgestalten ließ. Das Kino erhielt jetzt den Namen „Odeum". Als Odeum wurden in der Antike Gebäude bezeichnet, in denen musikalische oder deklamatorische Aufführungen stattfanden. Der Eingang in das Kino lag an der Südseite direkt neben der Charlotten-Apotheke. Über dem Eingang prangte Filmreklame. Durch ein kleines Foyer gelangte der Filmenthusiast in den großen Saal mit dem rundumlaufenden Rang. Ein zweiter Eingang lag an der Charlottenstraße. Das besondere Kennzeichen des Odeums waren die weinrot gepolsterten Sitze. Da der Raum in der ersten Nachkriegszeit nicht geheizt wurde, brachten sich die Besucher Decken mit. Gleich nach der Kapitulation wurden sowjetische Filme gezeigt.

„Havellichtspiele" werden „Aladin"

In der Havelstraße befand sich ein weiteres „Kintopp", wie man damals sagte. Es waren die **„Havel-Lichtspiele"**. Nach einem Umbau durch den Architekten Heinz Kroh wurde das Kino mit dem neuen Namen **„Aladin"** am 5.8.1955 wieder eröffnet. Der neugestaltete Innenraum faszinierte durch seine geschwungene Linienführung, die arabesken Formen des freischwebenden Ranges und die achthundert Azella-Polstersessel. Die moderne Bild- und Lichttontechnik ermöglichte es, Breitwand-, Cinemascope- und Raumtonfilme auf der zwölf Meter breiten Leinwand vorzuführen. Als Eröffnungsfilm wurde „Désirée" gezeigt, eine Liebesgeschichte zwischen dem jungen Napoleon und der Marseiller Seidenhändlerstochter, die Jean Simmons mit Anmut spielte. Genauso beeindruckend war Marlon Brando als Napoleon.

„Eris" in Hakenfelde

In Hakenfelde existierten seit dem 22.Oktober 1951 die **„Eris-Lichtspiele"**, in der Reichstr. 7. Eröffnet wurde mit dem Lustspiel „Fanfaren der Liebe". Der Name Eris bezog sich nicht etwa auf die griechische Göttin der Zwietracht, durch deren Zankapfel einst der Trojanische Krieg heraufbeschworen wurde, nein, er setzte sich zusammen aus den Anfangsbuchstaben der Besitzer des Lichtspielhauses, **Ebert**, **Richter** und **Senf**. Der Zuschauerraum war in lichten Farben gehalten. Kurz vor Mitternacht, nach einem Kulturfilm über den Bodensee, weihten Kurt Pratsch-Kauffmann und Marianne Pohlenz mit einem heiterem Wortgeplänkel das Kino ein.

„Filmbühne Wilhelmstadt“ – sonntags war Kindervorstellung

Kurios ist die Geschichte der **„Filmbühne Wilhelmstadt“** in der Weißenburger Str. 35. Der Kinoraum war ursprünglich eine Lagerhalle der Bäckereinkauf e.G., die während des Zweiten Weltkrieges durch Phosphorbomben zerstört worden war. Der eingelagerte Zucker schmolz und war beliebtes Objekt der Jungen aus der Wilhelmstadt. Organisieren hieß das im Slogan der Zeit. Nach Kriegsende waren es dann auch wieder diese Jungen, die beim Aufbau der Filmbühne halfen. Sie klopften Steine und karrten Baumaterial herbei. Eröffnet wurde das Kino am 24.8.1949. In einem kleinen Vorraum befand sich die Kasse. Nur ein Gang führte rechts der Holzklappsitze durch das **„Flohkino“**. Rechts des Ganges waren die Ausgänge auf den kopfsteingepflasterten Hof. Hier waren in die ehemaligen Ställe und Remisen die Toiletten eingebaut worden. An der Vorderseite des Saales befand sich die Bühne. Die Eintrittspreise lagen in der Anfangszeit bei 0,50 bis zu 1,50 DM. Gespielt wurde wochentags um 16, 18 und 20.30 Uhr. Sonntags war um 13.30 Kindervorstellung. Die ganze Woche über standen die Kinder mit plattgedrückter Nase an den Schaukästen, um zu erfahren, welcher Film wohl am Sonntag gegeben werden würde.

Ausflugslokal wird zu „Tropfstein-Lichtspiele“

In der Nähe der „Filmbühne Wilhelmstadt“ befand sich gleich als Konkurrenz die bei den Spandauern in bester Erinnerung gebliebenen **„Tropfstein-Lichtspiele“**, Pichelsdorfer Str. 39. Das Haus war eigentlich eine Ausflugskneipe, mit baumbestandenem Vorgarten mit dem Namen „Flora“. Bekannt wurde das Restaurant aber erst, als in den Saal die „Tropfstein-Lichtspiele“ eingezogen waren. Das war in der Vorkriegszeit, und der Raum und die Bühne waren in der Tat wie eine Tropfsteinhöhle gestaltet. 1945 brannte das Kino aus und die Innengestaltung ging verloren. 1948 gab es in den Räumlichkeiten Modenschauen, und nach zwölfwöchiger Bauzeit waren die „Tropfstein-Lichtspiele“ wieder erstanden. Am 9. August 1951 war die Eröffnung. Entstanden war ein intimes, in Rot und Silbergrau gehaltenes Kino. Zur Eröffnung plauderte der unvergessene Walter Groß in unverkennbarem Insulaner-Dialekt. Der Eingang und das Foyer waren repräsentativ gestaltet. Die Ton- und die Bildwiedergabe ließen keine Wünsche offen. Für die Sommermonate gab es sogar eine Klimaanlage.

Das modernste Kino jener Zeit in Spandau – das „Regina“

In bester Erinnerung ist den Spandauern , besonders den Wilhelmstädtern, noch das Lichtspielhaus **„Regina“**, ebenfalls in der Pichelsdorfer Straße gelegen, nur mit der Hausnummer 116, am anderen Ende der Straße also.

Der modernste Spandauer Kinobau wurde am 5.9.1958 eröffnet. Heinz Kroh hatte den Bau für die Filmbetriebe Walter Cartun erbaut. Es war das Bezirks-Erstaufführungstheater. Der auf einem Ruinengrundstück errichtete freistehende Zweckbau ruhte zur Straße hin auf zwei V-Stützen. Er ragte so als dynamischer Block in die Straße. Gleichzeitig ergab sich eine Vorhalle, die durch die in die Decke eingelassenen Lampen beleuchtet wurde und die Reklame und das mit Edelhölzern verkleidete Foyer mit den Kassen gleichzeitig mit Licht versorgte. Schauvitrinen wiesen auf das aktuelle Programm hin. Die Reklame an der Schaufassade war weithin in der Straße sichtbar. Seitliche Treppen führten in den hochansteigenden Saal. Die Sitze waren mit violettem Cord bezogen. Beliebt bei den Besuchern war die Beinfreiheit. Der Boden war mit schwarz-gelbem Velours ausgelegt, einem typischen Kontrast der 50er Jahre. Der Bühnenvorhang nahm den dominanten gelben Farbton auf und führte ihn in die Wände über.

Metzer Platz mit „Metzer Dom", einem Toilettenhäuschen im Jugendstil, dem die Wilhelmstädter liebevoll diesen Namen gaben. An diesem Platz lag das „Regina". Links fährt die „75" durch die Pichelsdorfer Straße, rechts sieht man in die Jägerstraße. Foto: 1958, Sammlung Jürgen Grothe

Das „Regina" mit der typischen Architektur im Stil der 50er Jahre. Foto: um 1960, Sammlung Jürgen Grothe

Kinos in Spandau nach dem Stand von 1960:
Birken-Lichtspiele am Birkenwäldchen,
Capitol, in Staaken, Eichholzbahn 24-26,
Filmbühne Stadtrand, Stadtrandstraße,
Filmeck, Falkenseer Chaussee 267,
Filmtheater Gatow, Alt-Gatow 27-35,
Haki, Neuendorfer Str. 43,
Kammerspiele (Film) Siemensstadt, Nonnendammallee 96,
Rex, Haselhorst, Haselhorster Damm 27,
Savoy, Staakener Str. 97,
Siesta-Filmtheater, Nonnendammallee,
Tivoli-Lichtspieltheater, Hakenfelde, Walldürner Weg 16,
Viktoria in der Grunewaldstr. 9

Spandauer Festsäle ...

Es gab noch den Schwung des Walzers, des Foxtrotts, oder Schritt, Schritt, Wechselschritt, wie in der **Tanzschule Dardaillon** in der Carl-Schurz-Straße gelehrt. Aber der **Boogie** und der **Rock 'n' Roll** hatten bereits die Tanzflächen erobert. Für unterschiedliche Generationen fand z.B. in den **„Spandauer Festsälen"**, ehemals „Seitz", in der Schützenstraße 2–4, die Ballzeit statt. Haute Couture war in den 50er Jahren ein sehr tolerant definierter Begriff. In der Ballzeit gingen die Uhren anders, die Nächte wurden länger und kälter, die einen verfielen in Depression, die anderen durchlebten die Ballnächte und den Karneval bei Tanz und Vergnügen.

Nach Kriegsende fehlte es wegen der Zerstörungen an einem großen Saal. Nachdem auch noch das **Gartenrestaurant von Loebel** während eines Balls durch einen Brand zerstört wurde – 82 Tote waren zu beklagen – blieben den Spandauern nur noch die **„Spandauer Festsäle"** für Veranstaltungen jeder Art.

Die **„Spandauer Festsäle"** wurden durch einen Umbau des bekannten Architekten Adolf Steil modernisiert und am 17.9.1948 eröffnet. Im Foyer stand die Theke, dort tranken die Herren zur Stärkung erst einmal „harte Sachen". Über der Tanzfläche lag die Empore. In den Festsälen fanden fortan die Maskenbälle, die Modenschauen, die Bunten Nachmittage,

„Spandauer Festsäle" in der Schützenstraße
Foto: 28.11.1967, Jürgen Grothe

Betriebsfeste, Bälle der Tanzschule Dardaillon, aber auch Kabarett-Veranstaltungen statt.

Am 20. April 1950 öffnete sich zum ersten Mal der Vorhang für das von Otto-Erich Edenharter gegründete **„Volkstheater Spandau"**. Als erstes Stück kam August Hinrichs Komödie „Wenn der Hahn kräht" zur Aufführung. Dem Ensemble gehörten meist Spandauer Schauspieler an.

Ein großes Erlebnis für die Spandauer war im Mai 1954 ein Konzert der **Kammersängerin Erna Sack**. Die Koloratursopranistin war eine gebürtige Spandauerin. Sie gab Gastspiele an allen großen Häusern des In- und Auslandes. Immer wieder kehrte sie auch nach Berlin zurück. Ihr außergewöhnlicher Stimmumfang brachte ihr den Namen „deutsche Nachtigall", besonders in Amerika, ein. Das Spandauer Konzert, mit Walter Martin am Flügel, wurde ein wahrer Triumph für die Sängerin. Theatergrößen aus dem nahen Berlin kamen nach Spandau.

Tanznächte – kaum Geld für Getränke

Bei Bällen bestellten junge Besucher z.B. einen Aquavit, da sie dachten, es sei Mineralwasser. Die Verwunderung war groß, als nur ein kleines Glas kam. Sie saßen dann bis tief in die Nacht an diesem Glas und forderten ein hübsches junges Mädchen nach dem anderen zum Tanz auf. Die Küchenhilfe Erna Zuckermann kochte den Kaffee. Sie nahm den Kaffeesatz mit nach Hause und brühte ihn erneut auf. Bevor sie gehen durfte, musste sie aber erst noch den Fußboden scheuern.

Im **„Heideschloß“** in Hakenfelde sah es nicht anders aus. Auch hier saßen die jungen Leute bei heißer Musik die ganze Nacht an einer Coca Cola. Es wurde viel getanzt, und von der Galerie, zu der eine weit ausholende Freitreppe führte, hatte der Besucher die beste Übersicht.

Im **„Stadtpark-Restaurant“**, bei Erbsmehl, an der Schönwalder Allee, an der Straßenbahnhaltestelle der „54“, fanden Maskenbälle statt. Die interessantesten Damen- oder Herrenmasken wurden prämiert. Bei Erbsmehl konnte man im Sommer auch im Garten sitzen.

In den Räumen des Restaurants **„Zu den Kammerspielen“** in der Friedrichstraße gab es Kostümbälle. Am 12.3.1949 spielte die Tanzkapelle Habanero, die von Film und Rundfunk bekannten Hawaii-Symphoniker. Der Eintritt betrug 3,- DM-West.

Verrufene Kneipen – rundum für Kinder verboten

Es gab aber auch verrufene Lokale, wie den **„Blauen Engel“** in der Charlottenstraße, oder die **„Schifferklause“** am Lindenufer 17 in Spandau.

Die „Schifferklause“ wurde seit 1953 von Agnes Holz, verehelichte Meyer, geleitet.

„Tante Agnes“ sorgte sich um die Binnenschiffer, die hier vor allem in den 50er Jahren an den Ufern anlegten. Tante Agnes handelte, tauschte und war die Schutzpatronin der Damen des horizontalen Gewerbes. Die Damen boten ihre Dienste auch schon mal in den Grünanlagen des Lindenufers für ein Paar Neylonstrümpfe an. Kinder wurden von ihren Eltern angehalten, diese Gegend zu meiden, was Kinder kaum verstehen konnten, denn gerade hier am Zusammenfluss von Spree und Havel war das Beobachten der Schifffahrt besonders interessant.

Marktstraße mit Blick auf eines der verrufenen Spandauer Lokale, den „Blauen Engel“ in der Charlottenstraße. Foto: 1959, Sammlung Jürgen Grothe

Freilichtbühne im ehemaligen Festungsvorfeld

Spandau besaß nie ein eigenes Theatergebäude. Bereits 1912 sollte ein Bau dem Rathaus gegenüber entstehen. Durch den Ausbruch des Ersten Weltkrieges zerschlugen sich die Pläne. Nach Kriegsende 1945 begannen neue Überlegungen, ein „Spandauer Stadttheater“ zu errichten. 1946 sammelten die Spandauer 100 000 Reichsmark für einen Neubau. Nach der Abwertung als Folge der Währungsreform 1948 war der Betrag auf 10 392 DM geschmolzen. Daraufhin stellte der Volksbildungsausschuss den Betrag zum Ausbau der am 26. Juni 1921 eröffneten **Freilichtbühne** zur Verfügung. Die Technik wurde verbessert, die Rampe beleuchtet und ein neues Kassenhaus angeschafft.

Klasse 2b der 8. Grundschule, der späteren Konkordia-Schule, mit dem Klassenlehrer Alfred Zemelka, der linke Lehrer im Hintergrund. Hinter Zemelka stehen am Fenster ein Teil der Pflanzen. In der 4. Reihe ganz links sitzt die Schülerin Ingrid Meyer. Foto: 1954, Ingrid Meyer-Grothe

Schule und Schulunterricht – Lehrer Zemelka war beliebt

Ein umstrittenes Thema war der Schulunterricht. Die Lehrer stammten zum größten Teil noch aus der Kriegs- und Vorkriegszeit. Einigen fiel es sichtlich schwer, sich auf die demokratische Form des Schulunterrichts umzustellen. Die Gräueltaten der Nazi-Zeit wurden mit keinem Wort erwähnt, geschweige diskutiert. Der Geschichtsunterricht blieb im Dreißigjährigen Krieg stecken. Nur langsam legten die Lehrer die noch am Ende der 40er Jahre beliebten gestärkten Stehkragen ab. Nur wenige begannen, ihre Autorität durch ein demokratisches Denken und Handeln zu belegen. Zu tief saßen in den Köpfen der Pädagogen die autoritären Erziehungsmethoden vergangener Zeiten.

In den 50er Jahren, verstärkt 1957, wurden die Nummern der Schulen durch Namen ersetzt. So erhielt am 1. Juni 1957 die 8. Grundschule an der Konkordiastraße mit einer großen Feier im Schulhof den Namen **„Konkordia-Schule“**, in Bezug auf die römische Göttin der Eintracht. Die Konkordiastraße allerdings ist nach der Baugesellschaft „Concordia“ benannt.

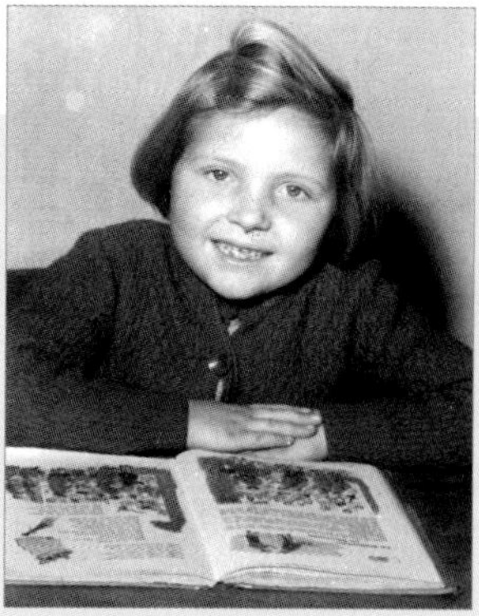

Schülerin Ingrid Meyer in der 8. Grundschule in der Konkordiastraße Foto: 1953, Ingrid Meyer-Grothe

Ganz neue pädagogische Wege beschritten einige Lehrer, wie z.B. der **Lehrer Alfred Zemelka**. Zemelka war ein Klassenlehrer, der Kinderseelen auffing. Er gehörte zu den bescheidenen Menschen. Mit spielerischem Ernst unterrichtete er seine Schülerinnen und Schüler an der genannten Grundschule, die sich zu dieser Zeit noch in dem Schulhaus an der Konkordiastraße befand. Die Schülerinnen und Schüler liebten und verehrten ihn. Das größte Glück einer Schülerin war es, Zemelka die Tasche nach Hause zu tragen. Seine toleranten Unterrichtsmethoden haben bei Schülerinnen wie Schülern Spuren hinterlassen. Zemelkas Individualität war rein äußerlich an seinem Geigenkasten zu erkennen, den er täglich mit in die Schule brachte. Mehrmals in der Woche wurden die Blumen im Klassenzimmer gegossen. Der auserwählte Schüler wurde vom Geigenspiel des Lehrers und vom Gesang der Mitschüler begleitet. Der Text lautete: „Meine Blümchen haben Durst, hab es wohl gesehen. Frisches Wasser bring ich euch, wartet noch ein Weilchen“. Wurden die Schüler unruhig, gab es Krach, reagierte der liberale Lehrer nicht mit Strafen. Zemelka griff zur Geige und spielte Volkslieder, bis die Kinder sich beruhigt hatten.

Spielen auf und in den Trümmern

Schwer war die Zeit auch für Kinder und Jugendliche. Auch wenn die Erinnerung die Ängste und Nöte verklärt und die Kindheit meist als paradiesisches Zeitalter bezeichnet wird, war die Kindheit und Jugendzeit alles andere als ein Spaziergang. Viele Kinder besaßen keine Eltern mehr oder der Vater war aus dem Krieg nicht zurückgekehrt oder noch in Gefangenschaft. Am 16.12.1955 berichtete das Spandauer Volksblatt unter der Überschrift **„Erst einer aus Spandau“**, dass unter den letzten Spätheimkehrertransporten sich erst ein Spandauer beim Bezirksamt gemeldet hätte. Schwer war die Last, die die Mütter zu tragen hatten. Der Hunger war allgegenwärtig, Lebensmittel noch rationiert und knapp. Ein Beispiel soll das verdeutlichen. Am 2.1.1950 berichtete das Spandauer Volksblatt unter **„Spandauer Notizen“**:

„Das Ernährungsamt teilt mit: Im Januar 1950 kann auf alle Brotabschnitte der Kleinkinderkarten Weißbrot bezogen werden, zusammen also 6500 Gramm“.

Viele Kinder hatten im Winter nur unzureichendes Schuhwerk. An diese schwere Zeit denkt mancher noch heute ungern zurück.

Rollschuhbahn auf dem „Exa“ – Eishockey auf der „Scharfen Lanke“

Für Kinder und Jugendliche war das Leben und Spielen zwischen, in, auf und mit den Trümmern eine Selbstverständlichkeit, ja ein Eldorado. Trümmergrundstücke waren die Abenteuerspielplätze der Zeit.

Mädchen haben sich in Ruinen eine „Wohnung“ gebaut und spielen Familie. Ganz auf der Höhe der Zeit gehört ein in den Trümmern gefundenes Telefon zur Wohnungsausstattung. Foto: 1951, Sammlung Jürgen Grothe

Die Straßen dienten als **Rollschuhbahnen**, und im Winter wurde auf ihnen, wenn es genügend Schnee gegeben hatte, Schlitten gefahren und, so möglich, sogar Schlittschuh gelaufen. Es war ja noch die autofreie Zeit.

Für Kinder und Jugendliche wurde ein weiteres getan. Auf dem so genannten **„Exa“**, dem ehemaligen Exerzierplatz an der Wilhelmstraße wurde eine Rollschuhbahn angelegt. Es war jedoch die Zeit, in der Rollschuhe noch aus der Vorkriegs- oder Kriegszeit stammten. Teils waren sie geliehen, teils eingetauscht. Sie wurden un-

Jugendliche fertig zum Eishockey auf dem zugefrorenen Burgwallgraben, vor der offenen Havel im Hintergrund. Foto: 1951, Ingrid Meyer

ter die Straßenschuhe geschnallt. Stiefel mit integrierten Rollschuhen konnte sich die Mehrzahl der Familien nicht leisten. Aber der Spaß am Rollschuhlauf war trotzdem groß. Vor- und rückwärts wurde gelaufen, wer konnte, tanzte oder drehte gar Pirouetten. Die gleichen Ausdrucksformen galten für die **Schlittschuhläufer** auf dem **See im Südpark** oder auf der **Scharfen Lanke**. Hier war das Schlittschuhlaufen besonders beliebt, denn wenn die „Scharfe Lanke", als Teil der Havel, bereits zugefroren war, war die weite Fläche der Havel noch offen. Und in der Ferne war die Winterlandschaft des Grunewaldes zu sehen. Hier versuchten sich auch schon einige Jungen am Eishockey-Spiel.

Kinderspiele, Kinderstreiche ...

Im Sommer wurde die Straße Spielort für Schlagballweitwurf oder Völkerball. In den Trümmern wurden Höhlen gebaut, die Eingänge zu Kellern freigelegt, und wenn die Grundstücke von den Ruinen geräumt waren, wurde auf den Freiflächen Fußball gespielt oder **„geköpft"**, d.h., ein kleiner Ball wurde von zwei Spielern, die sich jeweils in einem aufgezeichneten Spielfeld befanden, per Kopf in das Spielfeld des Gegners geköpft. Es ging darum, den Spieler sportlich auszutricksen, den Ball so zu spielen, dass er ihn nicht bekommen konnte. Dafür gab es Punkte. Die Kleineren konnten mitten auf den Fahrbahnen der Straße ihre **„Hopse“** aufzeichnen, und die Löcher der Bomben- oder Granatsplitter eigneten sich bestens als **Murmellöcher**. Weiterhin wurde **getrieselt**, der **Trudelreifen** geschlagen, die Mädchen sammelten **Steck-Bilder** für **Steckhefte**, und in **Poesie-Alben** wurden sinnige und unsinnige Sprüche geschrieben.

Die Jungen hingegen sammelten die ersten **Autobilder** und gemeinsam wurden **„Räuber und Gendarm“** oder **„Verstecken“** gespielt. In einer Zeit, in der die Häuser bis um 20 Uhr geöffnet waren, war es ein Leichtes, sich in Hausfluren oder auf Höfen zu verstecken. Nur, man durfte sich nicht vom Hauswart erwischen lassen, der solche Spiele überhaupt nicht liebte. Äußerst beliebt waren auch die sog. **„Klingelstreiche“**. An Wohnungstüren wurde geklingelt, oder, was äußerst selten war, an Klingelanlagen an der Haustür. Dann wurden sämtliche Klingeln gedrückt und es ging auf und davon. Aus sicherer Position wurden dann die Reaktionen der Hausbewohner beobachtet.

Die Kriegs- und Nachkriegskinder rannten flink und schnell über die Trümmerhaufen, wie auf den Straßen. Man musste mehr von Ziegelstein zu Ziegelstein springen, um nicht zu sagen fliegen. Verletzungen gab es kaum. Nur das sehr rare Schuhwerk litt. Zu den Mutproben gehörte es, in den zerstörten oder unbewohnbaren Gebäuden halsbrecherisch auf bröckelnden Wänden zu klettern. Ziel waren z.B. Balkons, die an den Fassaden hingen, hinter denen aber die Zimmer fehlten. Das war zwar streng verboten, weil's eben auch sehr gefährlich war. Aber das hat ja gerade den Reiz ausgemacht für die Kinder und Jugendlichen.

„Organisieren“ in Ruinen

Es war zum Teil sogar lebensnotwendig, **Buntmetall** aus den Ruinen zu bergen – man sprach von **„organisieren“** – um es beim Altwarenhändler zu verkaufen. Zum Verkauf benötigte man allerdings den Ausweis eines Erwachsenen. Nur **Lumpen und Papier** konnten auch Jugendliche verkaufen.

Die Volkswirtschaft war zunächst noch geprägt von Arbeitslosigkeit. Wer Arbeit hatte, musste noch 48 Stunden und mehr in der Woche arbeiten. Das so genannte Wirtschaftswunder setzte erst Mitte der 50er Jahre ein. Von daher sah man noch wenige Autos auf den Straßen. Ein beliebtes Fortbewegungsmittel neben der S-, U- und Straßenbahn war das Fahrrad. Es bedeutete für den Besitzer die Möglichkeit, sich schnell in der Stadt bewegen zu können. Aber selbst ein Fahrrad war Anfang der 50er Jahre für die meisten noch ein Luxusartikel.

Fahrräder am Markt 1958: Es ging aufwärts – ein Fahrrad konnte sich jetzt sogar schon mancher Jugendliche leisten.

Mit dem Hund auf dem Fahrrad und dem Sonnenschirm in der Hand auf dem Weg zur Havel. Foto: 1956, Sammlung Jürgen Grothe

„Flüchtlingssiedlung" an der Reichstraße, der späteren Cautiusstraße in Hakenfelde, gebaut: 1955–1960.
Foto: 22.7.1955, Landesarchiv Berlin

Für Flüchtlinge mit C-Ausweis

Als der Flüchtlingsstrom aus der DDR nach West-Berlin immer stärker wurde, besonders nach dem Volksaufstand vom 17. Juni 1953, wurde an der Reichstraße (seit dem 1.5.1965 Cautiusstraße) in Hakenfelde zwischen1955 und 1960 eine so genannte **„Flüchtlingssiedlung"** erbaut. Bauherr war die Gewobag, die auch den Entwurf lieferte. Neben dem Bauschild hing ein Extraschild mit folgender Aufschrift: **„Mit amerikanischen Mitteln entstehen an drei Standorten 1309 Wohnungen für Flüchtlinge aus der Sowjetzone"**. Am 2. September 1955 zogen die ersten Mieter ein. Es waren anerkannte Flüchtlinge mit einem C-Ausweis.

Der Markt

Stehen wir auf dem Markt, so kann ein aufmerksamer Blick ringsum zur Zeitreise werden, zu einer Zeitreise zwischen Vergangenheit, Gegenwart und Zukunft. Hier kreuzen sich die Linien der Altstadt, hier ist der Mittelpunkt. Hier, am Ort der Erlebnisse, setzen die Erinnerungen ein. Hier existiert der Mehrklang aus Leben, Musik, Architektur und Natur. Hier gab es nie den großen Effekt, aber die Botschaften der Sprache. Der Ernst und der Humor waren hier und sind hier zu finden. Hier entstanden politische wie wirtschaftliche Denkanstöße.

Leben auf dem Markt, mit der „75“, an der modernen Haltestelle. Foto: 1958, Sammlung Jürgen Grothe

Zum Klang der Stadt gehörte das Stimmengewirr, das Motorengebrumm der Autos wie das Krächzen der Fahrradklingeln und das Bimmeln der Straßenbahn.

Wer die Sprache der heutigen Marktarchitektur zu deuten weiß, erkennt die Zeit, in der die Steine glühten, die Häuser weinten und die Glocken von St. Nikolai schwiegen. Sie konnten nicht mehr läuten, sie waren in die Tiefe gestürzt, und wie eine Fackel stand die brennende Turmhaube der Kirche über der Altstadt. Obwohl es am 6.10.1944 mittags war, war die Stadt dunkel wie am Abend. Das geschmolzene Gestein fiel in Fetzen auf die Straße. Es regnete Asche. Der Sog des Feuers zwang die Menschen, schräg zu gehen. Noch einmal, am 28.3.1945 trafen Bomben die Spandauer Altstadt.

Mit der Zerstörung der Häuser am Markt war der Altstadt der geistige und wirtschaftliche Mittelpunkt genommen.

Der Markt hat den zweiten Niedergang in seiner Geschichte verkraftet. Wagemutig waren die Schritte nach dem Inferno des Zweiten Weltkrieges. Die Spandauer flogen zwar nicht wie Ikarus der Sonne entgegen, aber ein Neubeginn auf den Ruinen, mit den modernen Mitteln der Architektur der 50er Jahre, erfolgte ab 1953. Die Neubauten in ihrer Transparenz markieren einen Wendepunkt in der Architekturgeschichte der Altstadt. Die Flexibilität und der Leistungswille der Nachkriegszeit waren hier als Erstes zu spüren. Es galt, den Trümmeracker zu bestellen.

Oben: Die Neubauten mit ihren Geschäften wurden zum Anziehungspunkt der Altstadtbesucher. Foto: 1959, Sammlung Jürgen Grothe

Links: Ein Schwatz auf dem Markt. Foto: 1959, Sammlung Jürgen Grothe

Mitte: Blick vom Markt auf die nur teilweise beschädigten Häuser in der Breiten Straße. Foto: Mai 1956, Sammlung J. Grothe

Unten: Zaghafter Neubeginn nach dem Abräumen der Ruinen mit provisorischen Holzbuden, Foto: 3.3.1954, Landesarchiv Berlin

Jetzt strömten die Spandauer hier nicht mehr zwangsweise als Masse zusammen, wie öfters in der Nazizeit. Individuell besuchten sie wieder den Markt. Die einen liefen mit beschleunigten Schritten ihren jeweiligen Zielen entgegen, die anderen trafen sich lachend, freudig, oder traurig, zum Plausch. Der Markt war wieder der belebte „Salon" wie in den Vorkriegstagen. Allerdings mit einem ganz neuen Erkennungswert.

Nur von den Häusern an der Stirnseite des Marktes, an der Breiten Straße, grüßte bald nur noch die Vergangenheit.

Zaghafter Neubeginn am Markt

In den Jahren 1946 und 1947 begann intensiv das Abräumen der Trümmerfelder in der Spandauer Altstadt zwischen Charlottenstraße und Reformationsplatz, an der Breiten Straße und am Lindenufer. An der Nordseite des Marktes fuhr die berühmte Trümmerbahn. Nach der Beseitigung der Trümmer entstanden an der Nord- und Südseite des Marktes provisorische Verkaufsbuden aus Holz. So gab es an der Nordseite (später Woolworth-Haus) die eigenartige Situation, dass neben dem Geschäft in einer Hausruine Holzbuden standen und dahinter Mauersteine gestapelt waren, die die berühmten **Trümmerfrauen** vom Mörtel oder Putz befreit hatten.

Gerda Grothe als Trümmerfrau. Foto: 1951, Sammlung Jürgen Grothe

Der Markt mit den leuchtend hellen Neubauten und dem großen Parkplatz. Foto: 1956, Landesarchiv Berlin

„Ordnung schaffen" , „sauber halten" – war das alles?

Die berühmten, später fast vergessenen Trümmerfrauen, haben die Trümmer beseitigt, die die Männer verursacht hatten. Die Frauen wurden zu dieser Arbeit an sechs Tagen in der Woche verpflichtet. Hierfür erhielten sie bessere Lebensmittelkarten, so genannte **„Arbeiterkarten"**. Als Lohn für die schwere Arbeit bekamen sie 72 Pfennig in der Stunde. Das Symbol der Trümmerfrau reduzierte die Frauenarbeit in der Nachkriegszeit auf die traditionell dem weiblichen Geschlecht zugewiesenen Tätigkeiten wie „Ordnung schaffen" oder „sauber halten".

Kaum war in späterer Zeit noch die Rede davon, dass für viele Frauen diese Knochenarbeit, das Weiterreichen der mit Trümmerschutt gefüllten Eimer, viel zu schwer war, dass das Aufladen der Steine und des Schutts auf LKWs oder auf die Loren der Trümmerbahnen für viele Frauen Schwerstarbeit bedeutete und mitunter bleibende körperliche Schäden hinterließ.

Der Markt als „Kurfürstendamm von Spandau“

Im August 1954 begannen die vorbereitenden Baumaßnahmen zur Neugestaltung der Marktfläche. Am 25. Juli 1955 wurde der eigentliche Straßenbau in Angriff genommen, wobei man die Breite Straße um drei Meter verbreiterte, sodass sie eine Gesamtbreite von zwölf Metern erhielt.

Am Markt wurden die Fahrbahnen erweitert und eine 50 Meter lange, drei Meter breite Mittelinsel geschaffen, auf der sich seit 1958 eine Wartehalle für Straßenbahnbenutzer befand. An der Südseite, vor den Häusern Markt 4 und 5, entstand ein Parkplatz für zwanzig Personenwagen und zehn Motorräder. Außerdem wurde ein Fahrradständer für 28 Räder aufgestellt. Eine besondere Betonung erhielt die Ausfahrt aus dem Parkplatz durch die Aufstellung einer Pflanzenvase aus Beton. Die Spandauer sprachen fortan, wegen der auch am Kurfürstendamm aufgestellten Vasen, vom **Ku'damm der Spandauer**.

Das Foto zeigt den Markt in seiner ganzen Größe und Neugestaltung von der Carl-Schurz-Straße aus. An der linken Seite ist das Eisenwaren- und Haushaltsgerätegeschäft von A. Scholz zu erkennen. Die Firma leitete Martin Scholz, der Vorsitzender des Wirtschaftshofes Spandau war. Foto: 1959, Sammlung Jürgen Grothe.

Am 29.Dezember 1952 fuhr der erste Großraumzug der BVG auf der Linie „75“ von Hakenfelde nach Charlottenburg. Triebwagen und Beiwagen besaßen Platz für 195 Fahrgäste. Triebwagen und Beiwagen sind hier an der Kreuzung Carl-Schurz-Straße/Markt zu sehen. Foto: um 1955, Sammlung Jürgen Grothe

Der erste Zebrastreifen

Zur Verbesserung der Beleuchtung erhielt der Markt statt der provisorischen Holzmasten zwölf moderne Ringleuchten. Erstmalig in der Altstadt wurde ein Gehwegübergang durch Zebrastreifen markiert. Am 27. Oktober 1955 weihte Bezirksbürgermeister Ramin den Markt ein. Am 24.6.1959 erhielt die Kreuzung Markt/Carl-Schurz-Straße eine automatische Ampelanlage.

Auf der Kreuzung treffen die neue und die alte Zeit aufeinander. Foto: um 1955, Sammlung Jürgen Grothe

Altstadt – City des Einkaufs

Die Spandauer Altstadt war die City des Einkaufs. Wer jedoch modisch gekleidet gesehen werden wollte oder Mode sehen wollte, der fuhr mit der „75“, der S-Bahn, oder dem eigenen Auto zum Kurfürstendamm. Hier fand die Berliner Promenade statt. Unter den neu gepflanzten Platanen standen nicht nur die modebewussten Damen vor dem Modegeschäft von „Horn“, noch am Kurfürstendamm 224, Ecke Meinekestraße. Gekauft wurde wenig, aber der Durst aufs Sehen wurde gestillt. Zu den Höhepunkten des Ausfluges in die Stadt gehörte das „Konditern“ bei „Kranzler“, Ecke Joachimtaler Straße oder im „Kempi“, Ecke Fasanenstraße. In beiden Cafés saß der Besucher auf dem Kurfürstendamm mit Blick auf die „Gedächtniskirche“. Er konnte sehen und gesehen werden.

Die Carl-Schurz-Straße wird wieder Haupteinkaufsstraße

Die eigentliche Einkaufsstraße der Altstadt jedoch war die Carl-Schurz-Straße. Sie war eine lebendige Großstadtstraße, durch die Straßenbahnen und Omnibusse fuhren, hier traf das Pferdegespann auf die Autos, die hier fuhren oder parkten. Hier tönten aus dem Leierkasten die neuesten Schlager oder der Straßenmusikant untermalte die Melodie der Straße. Hier war das Hauptpostamt, hier wurden die Renten vom Postschalter geholt, oder die Pakete eingeliefert oder abgeholt, kurz, das urbane Leben fand hier statt. So nimmt es nicht Wunder, dass viele bei den Spandauern beliebte Geschäfte an dieser Straße lagen.

Da war, gleich an der Ecke der Mauerstraße/Carl-Schurz-Str. 14, **Kaiser's Kaffee Geschäft**, das Geschäft mit der lachenden Kanne als Markenzeichen. Das erste Geschäft wurde zwar 1897 in der Breiten Straße eröffnet, aber bereits im März 1900 eröffnete dieses Geschäft, das den Zweiten Weltkrieg überdauerte. Die Filiale war stets ein Bedienungsgeschäft. Beliebt war der stets frisch geröstete Kaffee, der Kakao, die Schokoladen, Gebäcke, Konserven, u.s.w. Vergessen wir aber nicht, dass das Haus auch noch anderen dunkleren Geschäften diente. Zur **Schwarzmarktzeit** wurden im Flur, Treppen-

Die 50er Jahre waren die große Zeit der Carl-Schurz-Straße. Der Blick geht von der Ecke Charlottenstraße bis zum Rathaus. Altbekannte Namen tauchen auf, es sollen nur genannt werden Meyer, „Keine Feier ohne Meyer", Ega-Schuhe, das „Odeum" und an der Ecke der Mauerstraße die Klostermühle. Foto: 1958, Sammlung Jürgen Grothe

haus und auf dem Hof die Tausch-, Verkaufs- und Wechselgeschäfte abgewickelt. Hier wurde Ostmark gegen Westmark getauscht, und um nicht erwischt zu werden, ging man eben in den Hausflur.

Einige Häuser weiter, Carl-Schurz-Str. 20, befand sich die **Fleischerei A. Müller**, die im April 1952 ihr einhundertjähriges Bestehen feierte. Die schwierigste Zeit erlebte Bruno Müller während des Zweiten Weltkrieges. Die beiden oberen Etagen des Hauses waren kriegszerstört, der Laden teilbeschädigt. Während **Bruno Müller** selbst mit der Maurerkelle in der Hand das Haus und den Laden wieder aufbaute, führte seine Frau in den Hofräumen das Geschäft weiter. Erinnert sei aber auch daran, dass auf dem Hof noch Hühner gehalten wurden. Müller war bekannt für seine fein abgeschmeckte Wurst und die Qualität seines Frischfleisches.

Doch was wäre die Geschichte der Carl-Schurz-Straße ohne die Erwähnung des **Feinkostgeschäftes** von **Richard Paul**, Carl-Schurz-Str. 22. Auch dieses Geschäft mit den großen Buchstaben **„F.W. Paul"** über der gesamten Eingangs- und Schaufensterfront befand sich in einem Flachbau. Die Reklame, ebenfalls ganz im Stil der 50er Jahre, entwarf Gerhard Korpeck, wie auch die Reklame der daneben liegenden **„Char-**

lotten Apotheke**“. Paul war spezialisiert auf erlesende Weine, Spirituosen , Wurstwaren, Gebäcke, aber auch Südfrüchte bereicherten das Sortiment. Der Laden war im charakteristischen Stil der „Fünfziger“ eingerichtet. Die großen Glasflächen des Verkauftisches waren, wie auch die der Lagerflächen für Weine, abgeschrägt, und an der Decke hing zur Verbesserung des Raumklimas – damals ganz modern – ein Rotor. Das Besondere an diesem Geschäft war der Geruch aus einer Mischung all der Artikel, die angeboten wurden.

Carl-Schurz-Str. 22. Feinkostgeschäft von F.W. Paul, mit der Geschäftsreklame von Gerhard Korpeck. Bei Paul gab es alles, was das Feinschmeckerherz begehrte, und erlesene Weine. Foto: um 1957, Sammlung Jürgen Grothe

Auf der gegenüberliegenden Straßenseite, Ecke Charlottenstraße, gab es dann zur Entspannung „Süßes“. Hierher zog es die Liebhaber des Kaffees und der Konditorwaren. Bereits 1913 befand sich in dem Haus das **Café Schaale**. Es wurde 1932 an den Konditormeister **Kurt Freudenberg** verpachtet, der 1957 annoncierte, **„seit 25 Jahren am Platze“**. Wahrscheinlich kriegsbedingt ging Freudenberg nach 1945 an den Stresowplatz, aber nach der Wiederherstellung der Caféräume 1950

Blicken wir in den Laden von F. W. Paul, so ist der Stil der 50er Jahre sofort erkennbar. Foto: um 1957, Sammlung Jürgen Grothe

zurück in das ehemalige Café Schaale. Der Raum des Cafés erstreckte sich entlang der Charlottenstraße, sodass Tageslicht in den Raum fiel. Die Inneneinrichtung war weinrot gehalten. Das Backhaus stand auf dem Hof. Freudenberg besaß auch eine eigene Eisherstellung. Am 30. September 1950 annoncierte er:

„Neueröffnung! Konditorei und Café Freudenberg, Carl-Schurz-Str. 29 (früher Café Schaale). Erstklassige Konditorei-Erzeugnisse aller Art sowie I a Kaffee, gepflegte Biere, Spirituosen und Weine. Alle unsere Kunden, Gäste und Freunde sind herzlich willkommen und sollen sich in unseren Räumen bei sorgfältiger Bedienung wohlfühlen. Auch Abendbetrieb! Dezente Unterhaltungsmusik. Kurt Freudenberg und Frau."

In das Haus pilgerten fortan aber nicht nur die Kaffeehausliebhaber, auch die Freunde des Radios und der Schallplatten fanden in dem **„Radio- und Musikhaus"** von **Graf** ihre Schallplatte oder ihr Radio, auch auf Abzahlung übrigens. Eine Schallplattenauswahl gab es im Erdgeschoss, die Kabinen, in

Den Flachbau Carl-Schurz-Str. 32 hatte die Malerin Annaliese Pilasik 1950 erbauen lassen. Mieter des Ladens war die „Nordsee". Die Reklame schuf Gerhard Korpeck. Foto: 1951, Sammlung Jürgen Grothe

denen man mit einem Kopfhörer Musik hören konnte, bevor man eine Schallplatte kaufte, lagen im Keller.

Das Haus Carl-Schurz-Str. 27 wurde am 28.3.1945 zerstört. 1955 entstand ein provisorischer Flachbau, der bald Anziehungspunkt nicht nur der Jugend werden sollte. **„Sport-Lüder“** wurde unter Sportlern und Freizeitsportlern schnell zu einem Begriff. Hier gab es vom Schlitten bis zu Sportschuhen alles, was das Sportlerherz begehrte.

Für die Vielzahl der in der Carl-Schurz-Straße ansässigen Branchen soll noch die **„Nordsee“** , Carl-Schurz-Str. 32, genannt werden. Das Grundstück gehörte der Malerin Annaliese Pilasik, die nach der Zerstörung des Altbaues am 15. Februar 1944 im Jahr 1950 durch Alfred Koske einen Flachbau errichten ließ. Das Fischgeschäft entwickelte sich schnell zu einem viel besuchten Fachgeschäft.

Schmiede von Graetschel verschwindet

In den fünfziger Jahren war das Leben und Treiben in der Altstadt noch von Geschäften, sozialen und kulturellen Einrichtungen und von Handwerksbetrieben geprägt. Bis zum 31. Juli 1954 existierte in der Altstadt, Carl-Schurz-Str. 25, noch die **Hufschmiede von Graetschel**. Ihre Geschichte lässt sich bis in die erste Hälfte des 19. Jahrhunderts zurückverfolgen.

In der Carl-Schurz-Straße existierten in den 50er Jahren noch Handwerksbetriebe und eine Schmiede, die von Graetschel, Carl-Schurz-Str. 25. Am 31. Juli 1954 gab der Pächter Gustav Lehmann aus Altersgründen das Schmiedehandwerk auf. Foto: 1954, Sammlung Jürgen Grothe.

Während eines Tagesangriffes, am 28. März 1945, warfen Bomber über Spandau erst Brand-, dann Sprengbomben ab. Die Vorderseite des Hauses wurde zerstört, die Pferde des Fuhrunternehmers Adolf Stoppel, die gerade beschlagen werden sollten, wurden getötet. Der Wiederaufbau des Vorderhauses erfolgte 1956–1957. Am 31. Juli 1954 gab **Gustav Lehmann** die Schmiede aus Altersgründen auf.

Im Geschäft an der Carl-Schurz-Straße verkaufte **„Lampen-Schubert"** stets die gerade modernen Leuchten.

Zeitungen ab 3.30 Uhr

In einem Nebeneingang des späteren **Schuhhauses Ega**, an der Carl-Schurz-Str. 38, der eigentlich zum Markt 1 zählt, betrieben **Helene** und **Artur Christoph** einen **Zeitungsverkauf**. Geöffnet wurde morgens um 3.30 Uhr. Arbeiter und Eisenbahn- sowie BVG-Angehörige kauften hier ihre Morgenzeitung. Begonnen hatte das Unternehmen des Amateurradsportlers mit dem Ausfahren von Zeitungen. Diese so genannten Zeitungsfahrer fuhren zu den Zeitungsverlagen, Christoph z.B. in die Kreuzberger Kochstraße, um in riesigen Rucksäcken, die größer waren als die Fahrer, die Zeitungen nach Spandau zu holen. Das Fahrrad war extra für diesen Transport verstärkt worden. Um 2 Uhr morgens fuhr Christoph los. Bis 1956 holte er auf diese Art und Weise die Zeitungen nach Spandau. Drei Jahre zuvor begann er aber bereits mit dem Straßenhandel in der Carl-Schurz-Straße. Bei Wind und Wetter verkauften seine Frau und er die Tageszeitungen. 1962 ging es dann in den zum kleinen Laden umgebauten Hausflur. Helene und Artur Christoph wurden die beliebtesten Zeitungsverkäufer in der Altstadt.

Nikolaikirche, ein Spandauer Wahrzeichen, wird gerettet

An der Carl-Schurz-Straße, genauer gesagt, auf dem Reformationsplatz, steht ein weiteres Spandauer Wahrzeichen, die **Nikolaikirche**. Sie war während der Bombardierungen im Zweiten Weltkrieg stark beschädigt worden, das Dach war teilweise ohne Ziegel. Mit Hilfe der Kirchengemeinde, die

Die Nikolaikirche ist eines der Wahrzeichen Spandaus. Über Jahrhunderte dominierte der Turm die Silhouette der Stadt, bis er, von Bomben getroffen, ausbrannte. Am 3. Februar 1952 wurde der neue Turmabschluss, ein Pyramidaldach, eingeweiht.
Foto: Mai 1956, Sammlung Jürgen Grothe

40 000 Ziegel in freiwilliger Arbeit heranschaffte, konnte sie neu gedeckt werden. Den Innenraum weihte der Bischof von Berlin und Brandenburg, Otto Dibelius, am 27.3.1949 ein. Nun herrschte im Innenraum wieder andächtige Stille.

„Hotel zum Stern" – der Treffpunkt

An der Carl-Schurz-Str. 47/Ecke Ritterstraße steht ein Fachwerkhaus, in dem sich das **„Hotel zum Stern"** befand. Hier traf sich alles, was sich in Spandau treffen wollte. Hier wurde nach Theater- oder Konzertaufführungen über das Gesehene oder Gehörte diskutiert. Hier traf der Verliebte auf die Frau, die er liebte. Der **Chefkoch Gerhard Weege** kochte nicht nur hervorragende Speisen, er führte auch den Cafébetrieb ein. Neben dem Saal des Restaurants gab es noch zwei äußerst sehenswerte Räume, den Rittersaal mit vielen Gemälden und Zeichnungen aus der Geschichte Spandaus – viele stammten aus der Feder von Albert Ludewig – und das stimmungsvolle Jägerzimmer. Hier trafen sich die Vereine oder auch Hochzeitsgesellschaften, und, und, und ...

Was währe die Altstadt ohne das „Hotel zum Stern". An der Ecke Carl-Schurz-Straße/Ritterstraße gelegen wurde das Restaurant zum Treffpunkt der Spandauer.
Foto: 21.8.1955, Sammlung Jürgen Grothe

Berühmte Leute im „Kaffeehaus Fester"

An der Stirnseite des Marktes gab es wieder das **„Café Fester"**. Öffnete der Gast die Tür, blieb der Stress irritiert draußen. Die Sinne kamen durch die gewollte Unkompliziertheit der Inneneinrichtung zur Ruhe. Hier gab es keine Furcht vor dem Kaffeeklatsch. Die Wärme der Kaffeehausatmosphäre war zu spüren. Hier existierte die berühmte Plüschatmosphäre, die das Kaffeetrinken erst so gemütlich werden lässt. 1949 wurde die Holzvertäfelung herausgenommen und durch eine Nussbaumholzvertäfelung ersetzt. Der Maler Paul Budisch schuf an den Wänden Spandauer Ansichten. Es gab allerdings nur Ofenheizung. Die Hauseigentümerin Frau Wiegmann gestattete keine Zentralheizung. Die Toiletten standen auf dem Hof. Man kann sich vorstellen, dass sie im Winter, bei Minusgraden, nur begrenzt geheizt werden konnten. Aber, das störte niemanden.

Jede Stadt hat ein oder mehrere Cafés, die als Treffpunkt beliebt sind. **Was Kranzler für Berlin war, war die Konditorei**

Zu jeder Altstadt gehören die Kaffeehaus-Geschichten. Die gibt es von dem Café Fester reichlich zu erzählen. Das erste Café im Haus Breite Str. 20 wurde bereits um 1880 eröffnet. Das Foto zeigt das Café noch am alten Standort in der Breiten Straße, vor dem Umzug an den Markt. Foto: 2.3.1954, Landesarchiv Berlin.

und das Café Fester für Spandau. Hier trafen sich Spandauer, Zugereiste, Geschäftsleute, Berlin-Besucher, Politiker und Künstler, vor allem Schauspieler und Leute vom Rundfunk.

Den Zweiten Weltkrieg überstand das Haus, bis auf Beschädigungen an der Fassade und am Dach, relativ gut. Nur die Scheiben wurden durch ein Provisorium ersetzt. Mit dem so genannten „Wirtschaftswunder“ zog neues Leben in das

Café Fester im Haus Breite Str. 20, mit den Malereien von Paul Budisch. Foto: Ende der 50er Jahre, Sammlung Jürgen Grothe/ Café Fester

Haus. Zu den köstlichen Traditionen gehören heute, wie in den 50er Jahren, die Zimtbrezeln.

1952 stellte der Konditormeister **Hellmuth Fester** auf der Fachmesse am Funkturm eine Spandauer Spezialität vor: Die Zimtbrezeln. Spandauer Zimtbrezeln waren im 18. Jahrhundert in Spandau, Berlin und Umgebung genauso bekannt wie Bernauer Bier. Spätestens seit der 725-Jahrfeier Spandaus, 1957, sind Spandauer Zimtbrezeln äußerst populär. Es gibt kaum jemanden, dem das Gebäck aus Eiern, Nüssen, Zimt, Zitronen und Butter nicht mundet.

Als Spandau durch die CCC-Studios noch Filmstadt war, saßen an den Tischen des Cafés, um nur einige zu nennen: Hans Albers, Curd Jürgens, Heidemarie Hatheyer, Sonja Ziemann, Bruno Fritz, Brigitte Mira, Friedrich Schönfelder, Hans Rosenthal, Edith Hanke, Brigitte Grothum, Kurt Pratsch-Kaufmann und Arthur Brauner bei Kaffee und Torte. Hans Albers erschien in Lederjacke mit Seemannsmütze, umgeben von einer Schar junger Verehrerinnen.

Als der Film „Peter schießt den Vogel ab" mit Peter Alexander gedreht wurde, mussten Konditormeister Klaus-Jürgen Rödiger und seine Frau Eva eine komplette Hochzeitstafel inklusive eines kalten Büfetts aus Zuckerrüben gestalten, da als Gag alles von Kühen, Schafen und Ziegen gefressen werden sollte. Das Telefon, in das Peter Alexander wütend biss, bestand aus Schokolade. Auch Fensterscheiben und Flaschen aus Zuckerwerk für Filmszenen wurden hergestellt, sie splittern so schön und verursachen keine Schmerzen.

Ein Glanzstück stellte die Konditorei anlässlich der Krönung Elisabeth II. am 2.6.1953 her. Das in Spandau stationierte schottische Regiment hatte die Königskrone samt Zepter und Reichsapfel bestellt. Das Kunstwerk bestand aus 75 Pfund Marzipan.

Kaufhaus als beliebtes Einkaufszentrum

Direkt neben dem Café Fester stand das Kaufhaus **„MK Sternberg"**. Das heute noch vorhandene Gebäude, Breite Str. 21, dessen Erdgeschoss völlig verunstaltet ist, war 1927 nach einem Entwurf des Architekten C. Schmanns errichtet worden. Chef des Hauses war Julius Sternberg. Ein bei den

Spandauern äußerst beliebter Geschäftsmann. Sternberg war Vorsitzender der Synagogengemeinde Spandau, seit 1907 Repräsentant und seit 1922 bis zur Vertreibung durch die Nationalsozialisten 1935, Vorsteher der Jüdischen Gemeinde Spandaus. Ganz gegen den Willen von Julius Sternberg sah sich die Familie 1939 gezwungen, nach Kolumbien auszuwandern.

Nach dem Krieg unterstanden die Grundstücke Sternbergs dem Treuhänder der Alliierten Militärregierung. Am Kaufhaus Sternberg gab es jetzt eine merkwürdige, unverständliche Situation. Das Haus war immer noch im Eigentum Albert Lehns, des Nachfolgers während der Nazizeit, der einen Teil der Räume an den Kaufmann Fritz Denninger, ehemals Mitglied der NSDAP, vermietet hatte. Denninger hatte das Kaufhaus seines Freundes Lindemann arisiert. Da das Kaufhaus Lindemann, ebenfalls in der Breiten Straße gelegen, zerstört war, mietete sich Denninger bei Sternberg ein.

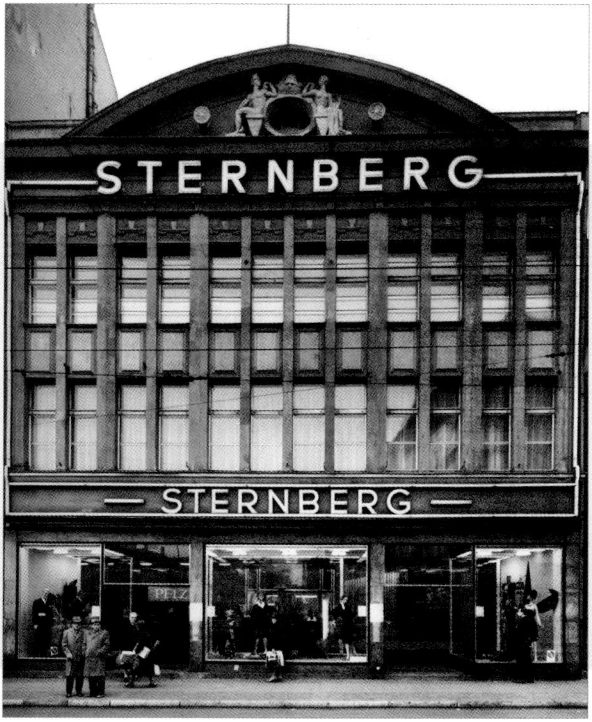

Eines der beliebtesten Kaufhäuser in Spandau war das Kaufhaus Sternberg in der Breiten Str. 21. Das breit gefächerte Warenangebot zog die Spandauer magisch an. Berühmt war es auch wegen seiner knarrenden Holztreppe, die in die obere Etage führte. Foto: um 1955, Sammlung Jürgen Grothe

Am 27.7. 1950 berichtete das Spandauer Volksblatt mit großer Überschrift:

„Julius Sternberg in Spandau
Er vergaß nie seine ehemaligen Angestellten“

„Heute Nachmittag um 17 Uhr traf mit dem Flugzeug aus Frankfurt der weit über Spandau hinaus bekannte Inhaber des alten Spandauer Kaufhauses Sternberg, Julius Sternberg, in Begleitung von Hans Sternberg jr. ein. Sternberg, dem man seine 70 Jahre keineswegs ansieht, hat am 4. Juli Bogota, die Hauptstadt Columbiens, in dem Clipper-Flugzeug verlassen und von Panama aus den Weg nach Antwerpen mit dem Schiff zurückgelegt.

In Belgien hatte er die große Freude, einige seiner Verwandten vorzufinden, die den Gaskammern von Auschwitz und Theresienstadt entgehen konnten. Zu seinem Empfange hatten sich auf dem Flughafen mehrere seiner Angestellten eingefunden, die ihn herzlich begrüßten. Denn in seinem elfjährigen Exil hat Herr Sternberg auch den kleinsten seiner Angestellten nicht vergessen ...“

Die Damen, die ihren alten Chef empfingen, waren die Damen Forster, Theel und Raschke. Julius Sternberg wohnte erst einmal in der Wohnung der ehemaligen Leiterin der Buchhaltung Gertrud Raschke in der Straßburger Str. 23a. Langwierig gestalteten sich dann die Verkaufsverhandlungen des Grundstückes in der Breiten Straße. Die Vertreter der Firma Hertie rieten Sternberg, nicht zu verkaufen. Doch mit dem Verkaufsvertrag vom 27. April 1952 ging das alteingesessene Kaufhaus an die Hertie-Grundstücksgesellschaft.

Das Kaufhaus Sternberg, nach 1945 ohne die markanten Buchstaben M.K., besaß zur Breiten Straße hin drei Schaufenster. Eines auf der rechten Seite, eines auf der linken Seite und eines in der Mitte. Zwischen den Außenfenstern und dem Mittelfenster führten zwei Türen in die Innenräume. Im Hintergrund des Erdgeschosses führte die jeden Kunden beeindruckende, knarrende Treppe in die obere Etage. Die Breite Straße war die Straße der Warenhäuser. In der Breiten Straße 23 wurde am 28. März 1945 das Kaufhaus Denninger zur Ruine. Anfang Dezember 1950 wurde das Haus mit einem Erd- und Obergeschoss sowie einer Halbetage neu eröffnet.

Die Havel als Spandauer Lebens- und Erholungsquelle

Die Havel zeigt über weite Strecken noch die Poetik eines Wasserlaufes, der in seiner schöpferischen Laune die Wirklichkeit des Betrachters teilweise auslöscht, um sie dann in allen Einzelheiten neu entstehen zu lassen. Treten wir nach der Schwermut der 30er und 40er Jahre an ihre Ufer, so wird der Klang- und Farbenreichtum zu einem beflügelnden Elixier. Der erste Blick auf die Havellandschaft führt zur Verlockung des zweiten Hinsehens. Erst dann erschließt sich der Flussteppich in seinem ganzen melancholischen, dämonischen oder fröhlichen Reiz. Von der Magie des Flusses gäbe es romantische Märchen zu erzählen.

Die Havel war und ist der Fluss des Lebens, und das gröbste Schwemmgut des Zweiten Weltkrieges, gesprengte Brücken, hing lange an Teilen der Ufer fest. Die Spandauer liebten und lieben ihren Fluss. Sie versuchten die Fische nicht nur zu fangen, sondern auch ihre Gedanken zu erraten. Denn, wo die Fischschwärme sich aufhielten, waren gute Fanggründe für Angler und Berufsfischer.

Nacktbaden in der Havel erst bei Nacht

Zu den eindrucksvollsten Naturschönheiten Spandaus zählte und zählt der Blick vom Gemünd auf die Weite der inselreichen Havel. Aus dem schmalen Fluss wird hier schlagartig eine weite Fläche, die ruhig oder in dramatischen Bildern des Sturmes, mit aufschäumenden Wogen, der jahrhundertealten Ästhetik dieser Landschaft folgt. Das Grollen des Windes und die Reflexionen der Sonne verwandeln den Fluss dann in ein schimmerndes Element. In den 50ern entwickelte sich an der Havel eine eigene Badekultur. Zu Fuß, mit der Straßenbahn, der Linie „75“, oder mit dem Fahrrad ging es an die Strände des Pichelswerders, Gatows oder an die Bürgerablage. Die Strände waren teilweise an warmen Sommertagen überfüllt, denn auch die Berliner kamen mit der Straßenbahn oder der S-Bahn dorthin. Vorbei waren die Zeiten der Badehosen der frühen Nachkriegszeit, die weiß waren, und wenn der Badende aus dem Wasser kam, durchsichtig wurden.

Badevergnügen am Stößensee
Foto: 1957, Sammlung Jürgen Grothe

Es wurde aber nicht nur gebadet, es wurde auch geflirtet, und auf dem Plateau des **Pichelswerders** Federball, der neue Freizeitsport, gespielt. Auch das Mieten eines Faltbootes, z.B. bei **Piwa** in Alt-Pichelsdorf an der Freybrücke, war möglich. Durch das Havelgemünd ging es dann auf die Weite der Havel nach Schildhorn oder in den Stößensee. Hier war der Schilfgürtel noch so breit, dass man mit dem Boot hineinfahren und in Ruhe sogar schlafen konnte, wenn man wollte.

Aber es entstand auch in der herkömmlichen Badekultur ein Bruch. Zaghaft begann eine neue Freiheit, das Nacktbaden. Es war allerdings nur nach Einbruch der Dunkelheit oder nachts möglich. Streng achtete die Wasserschutzpolizei auf die Einhaltung der Moral. Mit Scheinwerfern leuchtete sie die Havel ab, um nackt Badende aufzuspüren. Nur versteckt hinter Schwänen war das Baden oder Schwimmen möglich. Auch am Groß-Glienicker See traten die Nackten in Erscheinung.

Ein Badeausflug kam einem kleinen Umzug gleich. Mütter, Väter und Kinder schleppten Taschen, oder den gerade modernen Campingbeutel, vollgepackt mit Decken, Kissen, Gläsern voll Kartoffelsalat, gekochten Eiern, Bouletten oder Pakete mit selbst gebackenem Kuchen. Auch Flaschen voll Kaffee oder Tee mit Zitrone gehörten zum Ausflugsgepäck. Das Selbstbewusstsein einiger wurde durch das Kofferradio wesentlich gestärkt. Laut musste die Musik eingestellt sein,

Mit dem Fahrrad ging's nicht nur zum Wannsee, sondern auch an den Stößensee. Foto: 1957, Sammlung Jürgen Grothe

und verschiedene Sender mit ihren Programmen donnerten nun über die Wiesen und Sandstrände. Deshalb gab es so manchen Ärger. Im Garten des Wirtshauses **„Schildhorn"** hing aber immer noch das Schild **„Hier können Familien Kaffee kochen"**, d.h. zum selbst mitgebrachten Kaffee gab es für einen kleinen Obolus heißes Wasser von den Wirtsleuten.

Die Havel bei Pichelsdorf mit dem Bootshaus von „Piwa", rechts. Foto: 1957, Sammlung Jürgen Grothe

Tanz in den Ausflugslokalen

Der **Pichelswerder** war aber auch beliebt wegen seiner **Restaurants** oder **Ausflugslokale**. Am bekanntesten war **„Rackwitz“**, ein Gartenrestaurant, das von der Höhe der Berge zum Pichelssee hin abfiel. Aber, bekannter und beliebter war in den 50er Jahren der Inselgarten **„Zum Freund“**. Hier wurde die beliebte RIAS-Kaffeetafel gegründet und **Otto Kernbach** und sein Orchester sorgten für Unterhaltung. Sonnabends und sonntags war Tanz.

Da der Saal zu klein war, sollte ein größerer gebaut werden. Doch die Pläne zerschlugen sich, und die Kaffeetafel zog in den Schöneberger Prälaten. Daraufhin wurde 1956 die Gastronomie aufgegeben und das Gelände an Wassersportler vermietet. Auf der anderen Seite der Heerstraße, am **Stößensee** gelegen, befand sich ein weiteres Ausflugsrestaurant, das Restaurant **„Wilhelmshöhe“**. Besonders beliebt waren die Sitzmöglichkeiten auf den Terrassen, die sich bis zum Stössensee hinunter erstreckten. Bei der **Familie Brüder** gab es nicht nur erstklassiges Essen und gepflegte Getränke, sondern sonnabends und sonntags auch Tanz. Im angeschlossenen Hotel gab es Zimmer mit und ohne Pension.

Innenraum des Terrassen-Restaurants „Wilhelmshöhe“ am Stößensee. Foto: 1959, Sammlung Jürgen Grothe

Spandau, Stadt am Wasser

Abseits und doch mitten in der Stadt liegt die Insel **Tiefwerder**. Spandau, Stadt am Wasser, Stadt an Spree und Havel. Ohne die Havel wäre Spandau nie entstanden. Der Fluss bildete die Lebensgrundlage der Alt-Spandauer. Die Havel war noch nicht so kanalisiert wie heute und der Fischreichtum der Gewässer war sprichwörtlich. Immer wieder liegen im Fluss verstreut Inseln. Wo Flüsse sind, gibt es Fischer. Der Fischfang allerdings war in Spandau, und nicht nur dort, streng geregelt.

In den 50er Jahren hatte sich der Schwerpunkt der Fischerei auf die **Insel Tiefwerder** konzentriert. Hier gab es noch Berufsfischer. Einer alteingesessenen Fischerfamilie gehörte **Fritz Mahnkopf** an. Der **„Alte Fritz“**, wie man ihn auch nannte, saß gern in der Gaststätte **„Morellental“**, von **M.B. Bienicke**, Dorfstr. 49, mit Blick auf die Dorfstraße, nicht auf den romantisch am Jürgengraben gelegenen Garten. Die Fischerfamilie Mahnkopf besaß so viele Mitglieder, dass sie einen eigenen Familienverein gründete. Fritz Mahnkopf, der Mentor

Eisangeln am Stößensee, mit Blick auf die Pichelsberge jenseits des Sees. Foto: Januar 1952, Sammlung Jürgen Grothe

Anlegesteg für Sportboote an der „Scharfen Lanke“
Foto: 1958, Sammlung Jürgen Grothe

der Fischer, konnte Geschichten erzählen, nicht nur aus der Historie Tiefwerders. Wahres und Fischerlatein waren mitunter schwer zu unterscheiden. Er erzählte, die Einheimischen, und nicht nur diese, nannten die Insel liebevoll den **„Düdel“**. Der Begriff ist von „düdeln“ abgeleitet, was soviel wie flöten bedeutet. Das „Düdeln“ war ein alter Weihnachtsbrauch. Neun Tage vor Weihnachten war das „Weihnachtsantuten“ üblich. Die Jungen des Dorfes – drei von ihnen waren als die „Heiligen drei Könige“ gekleidet – zogen von Haus zu Haus und tuteten dreimal vor jeder Tür. Am Heiligen Abend kamen sie wieder vorbei und sammelten Geschenke oder Geld ein. Die Gaststätte lag romantisch am Jürgengraben. Im idyllischen Garten standen die Tische und Stühle direkt am Wasser. So konnte der Gast in aller Ruhe das Treiben auf dem Wasserlauf beobachten.

Der Fischreichtum in Spandau war in den 50er Jahren noch sprichwörtlich. Auch Krebse wurden in so großen Mengen gefangen, dass sie bis nach Paris verkauft wurden. Beim Reden oder Schreiben über die Fischerei in Spandau fällt unweigerlich der Name des **Fischermeisters Latendorf**. Latendorf gelang am 31. August 1955 ein sensationeller Fischfang. Er fing nachts in der Havel, in der Nähe des **„Café Venezia“**, einen 40 Pfund schweren Wels. Am folgenden Sonnabend wurde der Fisch dann auf dem Spandauer Wochenmarkt verkauft.

Treffpunkte bei Tag, bei Nacht

Nicht weit entfernt, in **Pichelsdorf**, Am Pichelssee 22, lag das Gartenrestaurant **„Zum Wasserbauer“** von **J. Hempler**. Die Terrasse an der **„Scharfen Lanke“** ermöglichte einen weiten Blick auf die Havel.

Neben der Gaststätte gab es Bootsstände, darunter massive Paddelbootsstände. Auf dem Weg zum **„Wasserbauer“** kam der Wanderer am **„Brücken-Pavillon“** vorbei. Diese Gaststätte lag an der Stößenseebrücke. Die Räume von **Erna Dröse** strahlten Wärme und Behaglichkeit aus. Ihre Spezialität waren erlesene Weine.

Eine Besonderheit unter den Restaurants in Spandau war das **„Café Venezia“**. Es lag im Zitadellenpark, d.h. im Vorfeld der ehemaligen Festungsanlage. Ernst Gurke und sein Sohn bewirtschafteten einen großen Naturgarten. Die Besonderheit war, dass man sich zu dem Gartenrestaurant mit der Fähre von der Körnerstraße aus übersetzen lassen konnte. Das war die richtige Einstimmung für das Sitzen an der Havel und den Besuch des Bades der **Spandauer Wasserfreunde**, die 1951 mit der Wiederherstellung begannen. Neben dem „Café Venezia“ lagen aber auch noch die vor dem Ersten Weltkrieg angelegten Tennisplätze. Die Spandauer Wasserfreunde richteten extra deshalb eine Tennisabteilung ein.

Restaurant und Café Venezia im Zitadellenpark, an der Zitadelle. Im Hintergrund ist die Eiswerderbrücke erkennbar. Foto: um 1958, Sammlung Jürgen Grothe

Restaurant „Wackelburg“ in der Ruhlebener Str. 22. Im Januar 1956 wurde das Haus abgerissen. Foto: 1955, Sammlung Jürgen Grothe

Eine weitere ungewöhnliche Gaststätte war die **„Film-Klause“** in Haselhorst an der verlängerten Daumstraße 16. Auch diese Klause lag an der Havel. Sie besaß eine Badeerlaubnis und lag in unmittelbarer Nähe der CCC-Filmateliers von Arthur Brauner. Jeden Sonnabend war lange Nacht. Viele Filmschauspieler verkehrten hier.

Eine originelle Kneipe war die alte Fuhrmannsgaststätte **„Wackelburg“** in der Ruhlebener Str. 22. Sie feierte im Juni1953 ihr einhundertjähriges Bestehen.

Als die Straße Anfang des letzten Jahrhunderts ausgebaut wurde, stand das Haus im Weg. Abriss und Wiederaufbau wären zu teuer gewesen. Ein Spandauer Bauunternehmer stellte das Haus einfach auf Eisenrollen und verschob es um 16 Meter. Das ging nicht ohne Schwanken ab. Jetzt erst erhielt die Gaststätte ihren originellen Namen „Wackelburg“. Emil Villbrandt trug in Zukunft den Namen „Wackel-Emil“. In den 50er Jahren spielten Kapellen, und sonnabends und sonntags gab es Tanz im Freien. Im Januar 1956 wurde die „Wackelburg“ abgerissen. Aber auch **Gatow** war ein beliebter Treff für **Nacht- und Tanzschwärmer**. Hier traf man sich im **„Wirtshaus zur Linde“**, in Alt-Gatow, wo u.a. Kurt, **„Kutte“ Widmann** spielte. Die Berliner kamen teilweise mit dem Dampfer und mussten die ganze Nacht durchtanzen, da der nächste Dampfer nach Wannsee erst am nächsten Tag fuhr.

Brandenburgische oder Spandauer Romantik erschließt sich heute noch dem Besucher des Behnitz mit dem Kolk. Hier sehen wir auf die „Alte Kolkschenke", Kolk 3, Treffpunkt der „Kolkphilosophen". Foto: 14.9.1952, Landesarchiv Berlin

„Alte Kolkschenke", Spandaus individuellste Kneipe

Die „Kolk-Philosophen" trafen sich in der „Alten-Kolkschenke". Hier saßen sie in dem historischen Fachwerkhaus, an dem großen runden Tisch der Behnitz-Weisheit, gleich links des Einganges. Hier gab es nicht nur Angler- und Fischerlatein, die Abgesandten der Behnitz-Familien diskutierten alle Probleme des Behnitz, Spandaus, Berlins und der Welt. Zuerst waren die Worte recht prägnant, später etwas verbiert. Die **Wirtin, Marie Lehnardt,** strahlte stets eine ausgleichende Ruhe aus. Manchmal öffnete sich die Tür des Gasthauses, ein Mann grüßte kurz, setzte sich ans Klavier und untermalte die Diskussion musikalisch.

Im Südpark ging der Erdeklau um

Woher holten sich viele Spandauer die Erde für ihre Tomaten auf dem Balkon und woher das Futter für die Kaninchen, die mitunter auf Balkonen gehalten wurden? – aus dem Südpark! Guten Mutterboden benötigte man auch für

Südpark nach der Neugestaltung von 1957, mit dem beliebten „Pilz". Foto: 1959, Sammlung Jürgen Grothe

Gärten auf Trümmergrundstücken oder für die, die in den Hinterhöfen angelegt waren. So wurde die Anlage zu Beginn der 50er Jahre zusehends zu einem ramponierten Park. Zudem fehlte den Spandauern die beliebte Pferdegruppe im Park, welche am 10. September 1942 abgebrochen und zur „Verstärkung der Rüstungsindustrie" eingeschmolzen worden war. Um den massenhaften Klau schwarzen Mutterbodens zu verhindern, rief das Gartenbauamt dazu auf, die Diebe beim Bezirksamt oder der Polizei zu melden.

Schon zu Beginn der 50er Jahre hatte man mit den ersten pflegerischen Arbeiten nach dem Krieg begonnen. 1955–1956 wurde der immer stärker verschlammte See im Park ausgebaggert und der Schlamm entlang der Wege zum Trocknen gestapelt. Mit Loren wurden die Schlammmassen auf die Wiesen gefahren, um sie aufzuhöhen. Am 2.10.1957 war die Neugestaltung des Südparkes abgeschlossen. Neue Wege waren angelegt, die Ufer des Sees neu befestigt, eine bewachsene Insel für Wassertiere neu entstanden, ein Kinderspielplatz angelegt und der Pilz, unter dem die Besucher sitzen konnten, wiederhergestellt.

Einer der wesentlichsten Badestrände der Wilhelmstädter war der sog. „Weiße Sand“. Hier bestand die Möglichkeit, ähnlich den Stränden am Meer, im märkischen Sand sich von der Sonne trocknen zu lassen. Der Blick geht von den Tiefwerderwiesen über die Havel zum „Weißen Sand“. Foto: Mai 1957, Landesarchiv Berlin

Südparkbad mit Wasserflöhen und Krebsen

An den Südpark schloss sich das Südparkbad an. Es war am 17. August 1924 eröffnet worden. Aber es sollte sich zum Sorgenkind der Spandauer entwickeln. Immer wieder gab es Probleme mit der Sauberkeit des Wassers: Mal war es moorigtrüb, dann wieder stark eisenhaltig. 1957 wurde zur Verbesserung der Wasserqualität Erde vom U-Bahnbau in Moabit angefahren und in den Wasserzufluss des Schwimmbeckens eine Anlage zur Verringerung des Eisengehaltes eingebaut. Doch alle Bemühungen halfen nur sehr wenig. Die Spandauer reagierten unterschiedlich auf den Zustand der Badebecken. Die einen ekelten sich vor den Krebsen und Wasserflöhen, die andern fingen sie für ihre Aquarien zu Hause, als kostenloses Futter für die Fische. Die Gourmets bereicherten mitunter ihre Schlemmertafel mit den Krebsen.

Doch wer das Eintrittsgeld sparen wollte, der ging oder fuhr zum **„Weißen Sand“** an der Götelstrasse. Hier konnte man, wie am Meer, im weißen Sand liegen, in kleinen Mulden sich bräunen und über die Havel hinüber zu den Tiefwerderwiesen schwimmen.

Wahrzeichen „Keramische Verkehrssäule“ verschwand

Über eine „Sehenswürdigkeit“ wurde in den dreißiger und noch einmal in den fünfziger Jahren heftig diskutiert: die **„Keramische Verkehrssäule“**, an der Ecke Heer- und Pichelsdorfer Straße. Zur Zeit ihrer Errichtung war sie etwas so außergewöhnlich Neues, dass viele Zeitungen in Deutschland über sie berichteten. Die Säule war kein Denkmal im herkömmlichen Sinn. Sie war eine Werbe- und Schmucksäule,

Ein Wahrzeichen Spandaus war die „Keramische Verkehrssäule“ an der Pichelsdorfer Straße/Ecke Heerstraße. Sie sollte für den Tourismus in Spandau werben. Umgeben von einer kleinen Grünanlage war sie gleichzeitig ein Ruheplatz im Großstadtgetriebe. Foto: 1957, Sammlung Jürgen Grothe

die sich bei der Bevölkerung allgemeiner Beliebtheit erfreute. Sie sollte drei Funktionen erfüllen: erstens die Tradition alter Meilensteine auf moderne Weise fortsetzen, zweitens Verkehrswerbung für Spandau betreiben und drittens durch das gewählte Material (gebrannter Ton) auf diesen märkischen Rohstoff und die damit verbundene Industrie hinweisen. Die am 1.6.1937 eingeweihte Säule wurde im August 1958 abgerissen.

Julisturm, das Wahrzeichen Spandaus

Den Julisturm, den Märchen und Sagen bis Römerzeiten rückwärts tragen ...", so heißt es in Fontanes Gedicht „Havelland". Der Turm ist das älteste profane Bauwerk Berlins und das eigentliche Wahrzeichen Spandaus. Wahrscheinlich begann sein Bau in der Zeit um 1200. Das heutige Erscheinungsbild des Turmes bestimmt der von Karl-Friedrich Schinkel, dem bedeutensten Baumeister des 19. Jahrhunderts, 1838 auf Befehl des Königs entworfene Zinnenkranz. Da die Treppen im Turm baufällig waren, durfte der Turm nach 1945 von Besuchern nicht betreten werden. Außerdem waren die Schießscharten noch zugemauert. Sie waren 1874 verschlossen worden, als der Turm Lagerort des „Reichskriegsschatzes" in Höhe von 120 Millionen Mark in gemünztem Gold wurde. Bis 1919 lagerte das Gold in dem Turm. Der Juliusturm galt als die „Sparbüchse Preußens".

Noch einmal, zwischen 1952 und 1956, wurde der Turm zum Inbegriff für Sparsamkeit. Als es dem damaligen Bundesfinanzminister Fritz Schäffer gelang, bei der Bundesbank Rücklagen von sieben Milliarden D-Mark zu schaffen, wurde die Bezeichnung **„Schäffers Juliusturm"** ein Zeichen für Sparsamkeit. Erst nach dem Bau einer neuen Treppe und der Neugestaltung der Aussichtsplattform wurde der Turm am 11. Dezember 1964 für die Besucher freigegeben.

Da die von 1560 bis etwa 1594 erbaute Zitadelle militärisches Objekt war, konnte sie nur in Ausnahmefällen von der Bevölkerung besichtigt werden. Das war erst nach der Freigabe durch die Briten, im Oktober 1948 möglich. 1949 begannen die ersten Sicherungs- und Instandsetzungsarbeiten.

Im Sommer 1952 fanden, unter der Organisation des Kunstamtes, die ersten offiziellen Führungen durch die Zita-

Der Juliusturm ist das älteste profane Bauwerk Berlins und gleichzeitig das Wahrzeichen Spandaus. Das Foto zeigt den Turm mit den vermauerten Schießscharten nach der Einlagerung des sog. „Reichskriegsschatzes“ 1874. Foto: 1953, Sammlung Jürgen Grothe

delle statt. Vorher hatte der ausgewiesene Zitadellenspezialist Albert Ludewig im Rahmen der „Heimatwoche 1951“ bereits die ersten Besucher durch die Festung geführt. Die Resonanz war gewaltig.

Neuer Rathausturm als Zeichen der Demokratie

Von einem weiteren Turm soll die Rede sein, dem Turm der bürgerlichen Gewalt. Das Spandauer Rathaus war während des Zweiten Weltkrieges stark beschädigt worden, der Turmhelm war zerstört. Der Bezirksbürgermeister residierte in den Räumen des ehemaligen Heereszeugamtes am Fehrbelliner Tor. Allmählich begann die Wiederherstellung der Räume. Anlässlich der 725-Jahrfeier Spandaus 1957 wurde der nach Plänen Rainer Seidels neu gestaltete Bezirksverordneten-

Das Rathaus an der Carl-Schurz-Straße mit der neu gestalteten Turmhaube von 1957. Foto: um 1964, Sammlung Jürgen Grothe

Sitzungssaal seiner Bestimmung übergeben. Gleichzeitig, am 6. März, erhielt Spandau sein neues Bezirkswappen verliehen. Die Grüße des Abgeordnetenhauses von Berlin übermittelte der damalige Präsident, Willy Brandt. Im gleichen Jahr wurde auch der Turmabschluss neu gestaltet. Wiederum entwarf Rainer Seidel die Pläne. Die neue Haube mit ihren zehn Meter hohen Öffnungen dokumentierte die Transparenz der neuen Politik, der Demokratie.